Manuela Rüther | Katja Briol | Bettina Bormann

leichter

SOMMERGENUSS

EMF

EIN BUCH DER
EDITION MICHAEL FISCHER

INHALT

S. 54

Vorwort   6

FRÜHSOMMER

Zitronensuppe mit geröstetem Spargel   10

Sizilianische Caponata mit Gemüse   12

Gegrillte Lammkoteletts auf grünem Bohnensalat
mit Estragon-Senf-Dressing   16

Erbsen-Püree mit geräuchertem Bückling   18

Weißer Spargel mit Radieschen-Senf-Vinaigrette   20

PICKNICK   **22**

Quiche mit Wurzelgemüse   24

Bratwürstchen mit Radieschensalat und
Miso-Orangen-Marinade   25

Focaccia mit eingelegter bunter Bete   26

Rhubarb Gin Cocktail   28

Sommer-Bruschetta mit Cheddar und
frischem Spinat   30

Frühkartoffelsalat mit Bärlauchpesto, roten
Zwiebeln und pochierten Eiern   32

Sesam-Radieschen im Ofen gebacken   36

Kohlrabischnitzel mit Szechuan-Zuckerschoten   38

Grüner Spargelsalat mit Erdbeeren und
Physalis-Dressing   40

HOCHSOMMER

Tomatentatar mit Rucola und geräuchertem Käse   44

Wildkräutersalat mit Cabrissac und Honig-Nüssen   46

Ceviche vom Wolfsbarsch mit Fenchelgrün
und gelben Tomaten   48

Spaghetti mit Erbsen-Knoblauch-Creme
und Pecorino   52

Garnelenspieße mit geschmortem Mangold
und Kürbiskern-Mayonnaise   54

GARTENPARTY AM ABEND   **56**

Zitronen-Dorade vom Grill mit Basilikum-Zucchini   58

Zitronenverbene-Eistee mit Himbeeren   60

Erdbeer-Panzanella mit geröstetem Hühnchen   62

Spitzkohlnester mit Falafelbratlingen und
Sesam-Joghurt   64

Gurken-Kimchi   66

„Gazpacho clásico" mit Paprika, Gurke und Tomate   68

Fenchel-Pfirsich-Salat mit dicken Bohnen   70

Saftiges Flanksteak mit Pfifferlingen und
Wildkräutersalat   72

Zucchinisuppe mit Minze und Koriander   74

Panna cotta mit Ingwer-Kirschen   76

Erdbeer-Kokos-Eis   78

S. 32

S. 88

Zitronen-Semifreddo mit Zitronenstückchen 82

Sommerbeeren-Eis am Stiel 84

Beeren-Sirup mit Crèmant & Blüten 86

Beerentörtchen mit Nüssen 88

COCKTAILPARTY AM POOL **90**

Kräutersirup mit 3 Verwendungsmöglichkeiten 92

Melonen-Gazpacho mit Gin und frittierten
Garnelenbällchen 94

Sommerrollen mit Melone und Erdnussdip 96

Garden Fizz Cocktail 98

„Infused Water" – Schafgarbe mit Johannisbeere 100

Mangold-Pfifferling-Frittata mit Lardo 102

Kirsch-Granita mit Vanille 104

„Herbal Infusion" mit blühendem Basilikum
und Malvenblüten 106

Artischocke „alla giudia" mit Kapern-Zitronen-
Creme 108

Gegrillte Aprikosen mit Schinken und Melone 110

Panierter Blumenkohl mit Sesamdip 112

Lauwarmer Dinkelsalat mit Zitronen-Artischocken
und wildem Brokkoli 114

Antipasti-Artischocken mit gegrilltem Brot
und Burrata 116

SPÄTSOMMER

Meerrettichcreme mit geräucherter Forelle
auf frischem Roggenbrot 120

Matjessalat mit Roter Bete und Apfel 122

Spitzkohlsalat mit Birnen, Walnüssen und
Gorgonzola 126

Lachsfilet mit griechischem Hülsenfrüchtesalat 128

KAFFEE IM GARTEN **130**

Zwetschgenkuchen vom Blech 132

Birnen-Blätterteig- Taschen 134

Birnen-„Sprizz" mit Zitronenthymian-Sirup 136

Zitronentarte mit frischem Obst 138

Aprikosen-Tarte-Tatin mit Kardamom 140

Apfelpüree mit selbst gemachtem Vanilleeis 142

Geröstete Pastinaken mit Salsa Verde 146

Tortellini mit Brokkoli-Pesto 148

Lachs-Kapern-Tatar mit Apfel-Meerrettich-Salat 150

Saisonkalender 152

Register 154

Über die Autorinnen 158

Noch mehr tolle Bücher 159

S. 150

VORWORT

Heiße Tage, alles strotzt vor Grün, die Blumen stehen in voller Blüte. Die Gemüsebeete und Blumenkästen in Gärten und auf Balkonen quillen über, müssten dringend geerntet werden. Die Sonne steht hoch und lange am Himmel, ins Haus mag man – wenn überhaupt – nur zum Schlafen gehen. Oder zum Kochen! Denn das Kochen macht im Sommer doppelt Spaß. Die Zutaten sind aromatischer als sonst im Jahr und direkt aus dem Garten sogar besonders frisch.

Im Sommer braucht es nicht viel für eine bunte, gesunde und schnelle Küche, die Familie und Freunde gleichermaßen glücklich macht. Und genau das möchten wir euch in diesem Buch zeigen: Wir möchten euch raffinierte und einfache Sommergerichte vorstellen, die allein durch ein paar frische Zutaten zu sonnigen Festessen werden. Ob knackige Salate aus dem Garten, heiße und kalte Suppen, Gemüse in allen erdenklichen Zubereitungen, alles ist lecker und kommt sommerleicht daher. Ab und zu gibt es Fleisch und Fisch, doch unser Fokus liegt auf einer grünen Veggieküche. Die passenden Desserts und Drinks kommen ohne viel Zucker aus und schmecken nach frischen Kräutern und Früchten. So machen Essen und Trinken auch bei über 30 Grad Spaß!

Unser Buch soll euch durch den Sommer begleiten. Deshalb haben wir es unterteilt in Früh-, Hoch- und Spätsommer. Auf den Themenseiten stellen wir euch Gerichte für eine Gartenparty mit Freunden vor, aber auch für ein frühsommerliches Picknick, eine Poolparty oder für eine leckere Kaffeetafel unter dem Apfelbaum.

Wir hoffen, dass ihr genauso viel Spaß an der Sommerküche habt wie wir.

Guten Appetit wünschen

Katja, Bettina und Ela

FRÜH

SOMMER

Spargel | Erdbeeren | Rhabarber | Radieschen | Karotten | Bohnen | Frühkartoffeln | Spinat | Salate | Kohlrabi

ZITRONENSUPPE

mit geröstetem Spargel

ZUTATEN

2 Zwiebeln

1 Knoblauchzehe

2 Möhren

1 Stange Staudensellerie

3 EL Rapsöl

150 ml Weißwein

½ l Hühnerbrühe

½ l Gemüsebrühe

250 g Langkornreis

1 Bund grüner Spargel
(ca. 500 g)

2 Eigelb

10 EL frisch gepresster
Zitronensaft

einige Zweige Kerbel

Salz, Pfeffer

ZUBEREITUNG

Die Zwiebeln, den Knoblauch und die Möhren schälen und alles fein würfeln. Den Sellerie putzen und ebenfalls in kleine Würfel schneiden. Zuerst die Zwiebeln und den Knoblauch mit 2 EL Rapsöl in einem Topf bei kleiner Hitze anschwitzen, nach 5 Minuten die Möhren- und Selleriewürfel zufügen und bei mittlerer Hitze anrösten. Mit Weißwein ablöschen, mit Brühe auffüllen und den Reis zufügen. In etwa 18–20 Minuten fertig garen.

Währenddessen den Spargel putzen, längs halbieren und mit dem restlichen Rapsöl in einer Grillpfanne von allen Seiten braten.

Die Eigelbe miteinander verquirlen. Wenn der Reis in der Suppe fertig gegart ist, den Zitronensaft hinzufügen und die Eigelbe bei reduzierter Hitze unter die Suppe rühren, bis eine cremige Konsistenz entsteht. Den Kerbel waschen und trocken schütteln. Mit Salz und Pfeffer abschmecken und mit dem Spargel und frischen Kerbelblättern anrichten.

SIZILIANISCHE CAPONATA

mit Gemüse

ZUTATEN

800 g Auberginen

400 g Kirschtomaten

5 Stangen Staudensellerie

Salz

2 kleine Zwiebeln

3 EL Olivenöl

100 g grüne Oliven
(entsteint)

50 g Kapern

60 g Pinienkerne

200 ml helles Sesamöl

2 El Rohrohrzucker

3 El Weißweinessig

1 Ciabatta

ZUBEREITUNG

Zur Vorbereitung die Auberginen, Tomaten und den Sellerie gründlich waschen, putzen und trocknen. Die Aubergine in ca. 1,5 cm kleine Würfel schneiden, in einer Schüssel mit etwas Salz vermengen und 1 Stunde ziehen lassen, damit das Wasser austritt. Anschließend abspülen und mit Küchenpapier trocknen.

In der Zwischenzeit den Sellerie in ca. 0,5 cm kleine Würfel schneiden und in etwas Salzwasser etwa 2 Minuten garen. Anschließend unter kaltem Wasser abschrecken und abtropfen lassen.

Die Zwiebeln schälen und klein würfeln. In einer Pfanne 2 EL Olivenöl erhitzen, die Zwiebeln anschwitzen und die Oliven mit den Kapern und den Pinienkernen hinzufügen. Die Hitze erhöhen und die Zutaten in der Pfanne kräftig anbraten. Die Tomaten halbieren, in die Pfanne geben, die Hitze reduzieren und etwa 15 Minuten lang schmoren lassen.

Parallel in einem kleinen Topf das Sesamöl erhitzen, die Auberginenwürfel nacheinander darin goldbraun frittieren, herausheben und abtropfen lassen. Ebenso die Selleriewürfel in einer zweiten Pfanne mit dem restlichen Olivenöl anbraten.

Beides zur eingekochten Tomatenmischung geben, mit Zucker und Weißweinessig würzen und alles gut vermengen. Mit Salz nach Belieben nachwürzen und mit frischer Ciabatta servieren.

GEGRILLTE LAMMKOTELETTS

auf grünem Bohnensalat mit Estragon-Senf-Dressing

ZUTATEN

4 Zweige Estragon

2 kleine Zwiebeln

2 EL Dijon-Senf

1 EL Weißweinessig

3 EL Traubenkernöl

Salz, Pfeffer

600 g grüne Bohnen

4 Zweige Bohnenkraut

1 Dose Kichererbsen
  (240 g Abtropfgewicht)

150 g Feta

1 EL Rapsöl

8 Lamm-Stielkoteletts

ZUBEREITUNG

Vorab für das Dressing den Estragon waschen, trocknen und die Blätter fein hacken. Die Zwiebeln schälen und fein hacken. Estragon und Zwiebeln zusammen mit dem Dijon-Senf, dem Weißweinessig und dem Traubenkernöl in einer Schüssel gut vermischen und mit Salz und Pfeffer abschmecken.

Die Bohnen waschen, putzen und in mundgerechte Stücke schneiden. In einen großen Topf geben und mit Salzwasser bedecken. Die Bohnenkrautzweige hinzufügen und die Bohnen in etwa 5–7 Minuten bissfest garen.

Anschließend die Bohnen abgießen und den Sud dabei auffangen. Das Bohnenkraut entfernen und die noch warmen Bohnen in einer Schüssel mit dem Dressing vermengen. Etwas aufgefangenen Sud untermischen.

Die Kichererbsen unter kaltem Wasser abspülen, abtropfen lassen und unter den Salat heben. Den Feta in Würfel schneiden, den Salat damit garnieren und etwas ziehen lassen.

In der Zwischenzeit Rapsöl in einer Grillpfanne erhitzen und die Lammkoteletts von beiden Seiten grillen. Mit Salz und Pfeffer würzen und mit dem Bohnensalat anrichten.

ERBSEN-PÜREE

mit geräuchertem Bückling

600 g Erbsen

200 g festkochende
    Kartoffeln

10 EL fruchtiges Olivenöl

Salz, Pfeffer

Chiliflocken

4 geräucherte Bücklinge

½ Bund Dill

einige Korianderblüten
    (nach Belieben)

Zuerst die Erbsen aus den Hülsen entfernen, die Kartoffeln schälen, waschen und grob kleinschneiden. Die Kartoffeln in Wasser ohne Salz für ca. 10 Minuten garkochen, 2 Minuten vor Garzeitende die Erbsen dazu geben und fertig garen.

Das Wasser abgießen, das Gemüse mit einem Kartoffelstampfer fein zerstampfen und mit 8 EL Olivenöl vermengen. Mit reichlich Salz, Pfeffer und einigen Chiliflocken abschmecken.

Nach Belieben die geräucherten Bücklinge im Backofen lauwarm erwärmen oder kalt mit dem Erbsenpüree anrichten. Den Dill waschen, trocken schütteln und zupfen. Das Gericht mit Dill und nach Belieben mit den Korianderblüten garnieren und mit dem restlichen Olivenöl beträufeln.

WEISSER SPARGEL

mit Radieschen-Senf-Vinaigrette

ZUTATEN

800 g weißer Spargel

8 EL Olivenöl

Saft von ½ Zitrone

2 Prisen Zucker

Salz

1 kleine Kartoffel

1 Bund Radieschen
   (ca. 125 g)

1 große Schalotte

4 Zweige Kerbel

1 EL körniger Senf

2 EL Himbeeressig

Pfeffer

Saft von 1 Orange

ZUBEREITUNG

Den Spargel waschen, schälen, gegebenenfalls die holzigen Enden abschneiden und mit 4 EL Olivenöl, dem Zitronensaft und Zucker in einer Auflaufform vermengen, mit Salz würzen und etwas marinieren lassen.

Für die Vinaigrette die Kartoffel schälen, waschen, in grobe Stücke schneiden und in Salzwasser ca. 10 Minuten weich garen. Das Wasser abgießen und die Kartoffel auskühlen lassen.

Währenddessen die Radieschen waschen und putzen. Die Schalotte schälen und mit den Radieschen in kleine Würfel schneiden. Den Kerbel waschen, trocken schütteln und fein hacken. In einer Schüssel die Radieschen- und Schalottenwürfel mit dem Senf, dem Himbeeressig, dem restlichen Olivenöl und dem Kerbel vermengen. Die Kartoffel sehr fein stampfen und mit Salz, Pfeffer und Orangensaft unter die Vinaigrette rühren. Diese nach Belieben mit etwas Wasser verdünnen.

Den Spargel aus der Marinade heben und auf dem Holzkohlegrill oder in einer Grillpfanne von allen Seiten anbraten und bissfest garen. Zusammen mit der Radieschen-Vinaigrette servieren.

PICKNICK

RHUBARB GIN COCKTAIL

FOCACCIA

MIT EINGELEGTER BUNTER BETE

QUICHE MIT WURZELGEMÜSE

BRATWÜRSTCHEN
MIT RADIESCHENSALAT
UND MISO-ORANGEN-
MARINADE

SOMMER-BRUSCHETTA
MIT CHEDDAR &
FRISCHEM SPINAT

QUICHE
mit Wurzelgemüse

ZUTATEN

FÜR DEN TEIG

200 g Dinkelmehl
(Type 630)

1 Eigelb

Salz

75 g kalte Butter, plus
etwas zum Einfetten

FÜR DIE FÜLLUNG

300 g bunte, kleine
Möhren

2 Pastinaken

Salz

80 g Parmesan

3 Eier (Größe L)

250 g Schmand

1 Bund Schnittlauch

3 Zweige Fenchelgrün

Pfeffer

frisch geriebene
Muskatnuss

frische Kräuter
(nach Belieben)

ZUBEREITUNG

Für den Mürbeteig das Dinkelmehl mit dem Eigelb und ½ TL Salz in eine Schüssel geben, 30 ml kaltes Wasser und die Butter in kleinen Stücken hinzufügen und kurz mit den Händen zu einem homogenen Teig verkneten. In Frischhaltefolie eingewickelt im Kühlschrank ca. 30 Minuten ruhen lassen.

Währenddessen für die Füllung die Möhren und Pastinaken putzen und schälen. Längs in Spalten schneiden und in Salzwasser für ca. 4 Minuten bei mittlerer Hitze köcheln lassen. Anschließend unter kaltem Wasser abschrecken.

Den Backofen auf 180 °C (Ober-/Unterhitze) vorheizen und den Parmesan fein reiben. Die Eier mit Parmesan und Schmand in einer Schüssel gründlich vermengen. Schnittlauch und Fenchelgrün waschen, trocken schütteln und fein schneiden, dazugeben und die Masse mit Salz, Pfeffer und Muskatnuss würzen.

Eine Quiche- oder Tarteform mit etwas Butter einfetten, den Teig zwischen zwei Frischhaltefolien kreisrund ausrollen und in die Form geben. Den Teig so andrücken, dass ein Rand entsteht. Den überstehenden Teig abschneiden und den Boden mit einer Gabel mehrfach einstechen. Die Schmand-Parmesan-Mischung darüber gießen und die blanchierten Möhren und Pastinaken sonnenförmig drauf platzieren.

Im Backofen etwa 50–60 Minuten backen und vor dem Servieren nach Belieben mit frischen Kräutern bestreuen.

 Tipp **Je nach Saison könnt Ihr das Wurzelgemüse durch ein anderes frisches Gemüse Eurer Wahl ersetzen, z. B. schmeckt sie auch mit Spinat und etwas Schafskäse oder mit weißem Spargel und frischem Bärlauch.**

BRATWÜRSTCHEN

mit Radieschensalat und Miso-Orangen-Marinade

ZUTATEN

1 Bio-Orange

4 EL Olivenöl

2 EL Weißweinessig

1 EL Honig

2 EL helle Miso-Paste

Salz, Pfeffer

60 g Kürbiskerne

24 Nürnberger Brat-
würstchen

1 EL Rapsöl

½ Bund Schnittlauch

2 Zweige Minze

2 Stangen Staudensellerie

4 Handvoll junge Rote-
Bete-Blätter

1 Bund Rucola

2 Bund Radieschen
(ca. 250 g)

ZUBEREITUNG

Für das Dressing die Orange halbieren und den Saft in eine Schale pressen. Diesen mit dem Olivenöl, Weißweinessig, Honig und der Miso-Paste kräftig aufschlagen und mit Salz und Pfeffer abschmecken.

Die Kürbiskerne ohne Fett in einer Pfanne anrösten und auf einem Teller abkühlen lassen. Anschließend die Würstchen halbieren und je 4 Hälften auf einen Holzspieß stecken. Das Rapsöl in einer großen Pfanne erhitzen und die Würstchenspieße goldbraun braten.

Währenddessen Schnittlauch, Minze, Staudensellerie, Rote-Bete-Blätter, Rucola und Radieschen gründlich waschen und abtropfen lassen. Radieschen und Staudensellerie putzen und beides in feine Scheiben schneiden. Minze und Schnittlauch klein schneiden und unter die Vinaigrette mengen.

Die Radieschen- und Staudensellerescheiben mit dem Rucola, den Rote-Bete-Blättern und der Vinaigrette in einer Schüssel vermengen. Zusammen mit den Würstchen-Spießen anrichten und mit den Kürbiskernen bestreut servieren.

FOCACCIA

mit eingelegter bunter Bete

ZUTATEN

FÜR DIE EINGELEGTE BUNTE BETE

600 g Gelbe und Rote Bete

¼ Bio-Orange

4 Perlzwiebeln

1 daumengroßes Stück frischer Ingwer

1 TL Salz

2 kleine Lorbeerblätter

4 Pimentkörner

25 g Rohrohrzucker

100 ml Weißweinessig

FÜR DIE FOCACCIA

150 g Kartoffeln

Salz

½ Würfel Hefe (21 g)

½ TL Rohrohrzucker

600 g Mehl (Typ 550)

4 TL Olivenöl

2 Zweige Rosmarin

Meersalz

AUSSERDEM

Einmachglas (0,5 l Fassungsvermögen)

ZUBEREITUNG

Die Beten putzen, schälen, halbieren und in Spalten schneiden. Die Orange waschen und mit einem Sparschäler zwei Streifen der Schale abziehen. Die Perlzwiebeln schälen und halbieren. Den Ingwer schälen und in Scheiben schneiden. Alles zusammen mit 400 ml Wasser und den restlichen Zutaten in einen Topf geben. Langsam aufkochen lassen und ca. 25 Minuten bei mittlerer Temperatur köcheln lassen. Anschließend in ein sauberes, mit kochendem Wasser ausgespültes Einmachglas füllen, fest verschließen und erst nach dem Auskühlen im Kühlschrank aufbewahren.

Für die Focaccia die Kartoffeln schälen, waschen, klein würfeln und in Salzwasser ca. 10 Minuten garkochen. Das Wasser abgießen, die Kartoffeln mit einem Kartoffelstampfer fein zerdrücken und auskühlen lassen. Parallel in eine große Schüssel die Hefe hineinbröseln, mit 300 ml lauwarmem Wasser aufgießen, den Zucker hinzufügen und mit einem Löffel rühren, bis die Hefe sich aufgelöst hat. Mehl, Kartoffelstampf, 10 g Salz und 2 TL Olivenöl beifügen und den Teig mit dem Knethaken einer Küchenmaschine etwa 6–8 Minuten auf kleiner Stufe kneten. Abgedeckt 4 Stunden an einem warmen Ort ruhen lassen.

Den Backofen auf 230 °C (Ober-/Unterhitze) vorheizen und den Teig noch einmal kurz durchkneten. Ein Backblech mit Backpapier belegen, den Teig in 4 Teile teilen und jeweils auf einer bemehlten Arbeitsfläche rund oder oval formen. Sie sollten ca. 1,5 cm dick sein.

Die Teigfladen auf das Backblech legen, etwa ein Drittel der abgetropften Bete in kleine Stücke schneiden und in den Teig drücken. Den Rosmarin waschen, die Nadeln abzupfen und mit etwas Meersalz über der Focaccia verstreuen. Ebenfalls leicht andrücken und mit dem restlichen Olivenöl beträufeln.

Die Focaccia im Backofen ca. 35 Minuten goldbraun backen und nach dem Auskühlen mit der restlichen eingelegten Bete servieren.

RHUBARB GIN

Cocktail

ZUTATEN

FÜR DEN RHABARBER-GIN

300 g Rhabarber

100 g weißer Zucker

250 ml Gin

FÜR DEN COCKTAIL

Eiswürfel

4 cl Rhabarber-Gin

Tonic Water (Menge nach Belieben)

ZUBEREITUNG

Den Rhabarber waschen, die Blätter abschneiden und die Stangen in ca. 3 cm lange Stücke schneiden. Mit dem Zucker in einer Schüssel gründlich vermengen und in ein Gefäß mit Deckel füllen. Verschließen, über Nacht im Kühlschrank aufbewahren, sodass der Zucker den Saft aus den Stangen ziehen kann.

Am folgenden Tag den Gin hinzufügen, wieder gründlich umrühren und noch einmal abgedeckt im Kühlschrank für 3 Tage ziehen lassen. In dieser Zeit das Gefäß täglich einmal schütteln. Anschließend den Gin durch ein feines Tuch in eine sterile Flasche abseihen und innerhalb eines Monats aufbrauchen.

Für einen passenden Cocktail ein Longdrinkglas mit 2–3 Eiswürfeln füllen, 4 cl Rhabarber-Gin zufügen und mit Tonic Water auffüllen.

 Tipp **Probiert Euch aus bei diesem sommerlichen Cocktail. Mit einem Zweig Rosmarin als weitere Geschmacksnuance oder mit etwas Vanille kreiert Ihr schnell eine neue Variante.**

SOMMER-BRUSCHETTA

mit Cheddar und frischem Spinat

ZUTATEN

1 kleines Walnuss-Baguette

3 EL Olivenöl

2 Knoblauchzehen

150 g Baby-Spinat

½ Bund Dill

200 g alter Cheddar

4 EL süßer Senf

Salz, Pfeffer

ZUBEREITUNG

Das Walnuss-Baguette schräg in Scheiben schneiden. Die Hälfte des Olivenöls in einer großen Pfanne erhitzen und die erste Hälfte der Brotscheiben darin von beiden Seiten anrösten. Mit dem restlichen Olivenöl und Baguettescheiben ebenso verfahren. Den Knoblauch schälen, halbieren und die bereits gebratenen Brotscheiben damit einreiben.

Die Spinatblätter und den Dill in ein Sieb legen und unter kaltem Wasser gründlich spülen. Anschließend abtropfen lassen. Den Cheddar in grobe Späne hobeln.

Nun die Brote mit Senf bestreichen, mit den Spinatblättern belegen und den Cheddar darauf verteilen. Mit Salz, Pfeffer und frisch gezupftem Dill garnieren und genießen.

FRÜHKARTOFFELSALAT

mit Bärlauchpesto, roten Zwiebeln und pochierten Eiern

ZUTATEN

- 600 g Frühkartoffeln
- Salz
- 60 g Pinienkerne
- 1 Bund Bärlauch
- 60 g Parmesan
- 100 ml Olivenöl
- 1 El Butter
- 2 rote Zwiebeln
- 3 EL Weißweinessig
- 4 Bio-Eier (Größe M)
- Pfeffer
- Meersalz

ZUBEREITUNG

Die Kartoffeln gründlich unter kaltem Wasser abbürsten, trocknen und mit der Schale in reichlich Salzwasser für ca. 15 Minuten garen. Anschließend abschrecken, längs halbieren und etwas auskühlen lassen.

Währenddessen die Pinienkerne in einer kleinen Pfanne ohne Öl anrösten, den Bärlauch waschen, trocknen und grob schneiden. Den Parmesan grob reiben. Bärlauch und Parmesan in ein hohes Gefäß geben, das Olivenöl und die Pinienkerne ebenso hinzufügen und alles mit dem Stabmixer fein pürieren. Sollte das Pesto zu dick sein, mit etwas Olivenöl oder Wasser verdünnen.

In einer großen Pfanne die Butter langsam schmelzen, die Zwiebeln schälen und in Streifen schneiden. Zusammen mit den halbierten Kartoffeln in der Butter schwenken und leicht anbraten.

Parallel in einem Topf etwa 2 Liter Wasser mit dem Weißweinessig zum Kochen bringen. Die Eier einzeln vorsichtig in eine Tasse aufschlagen, wobei das Eigelb nicht kaputt gehen sollte. Mit einem Holzlöffel das nun siedende Essigwasser im Uhrzeigersinn schnell zu einem Strudel aufrühren und jeweils ein Ei hineingeben. Die Eier je nach Belieben der Konsistenz ca. 3–5 Minuten garen. Mit einem Schaumlöffel herausheben und mit den restlichen Eiern ebenso verfahren.

Die Kartoffeln mit dem Bärlauchpesto vermengen und mit Salz und Pfeffer abschmecken. Mit den pochierten Eiern anrichten und diese mit etwas Meersalz bestreuen.

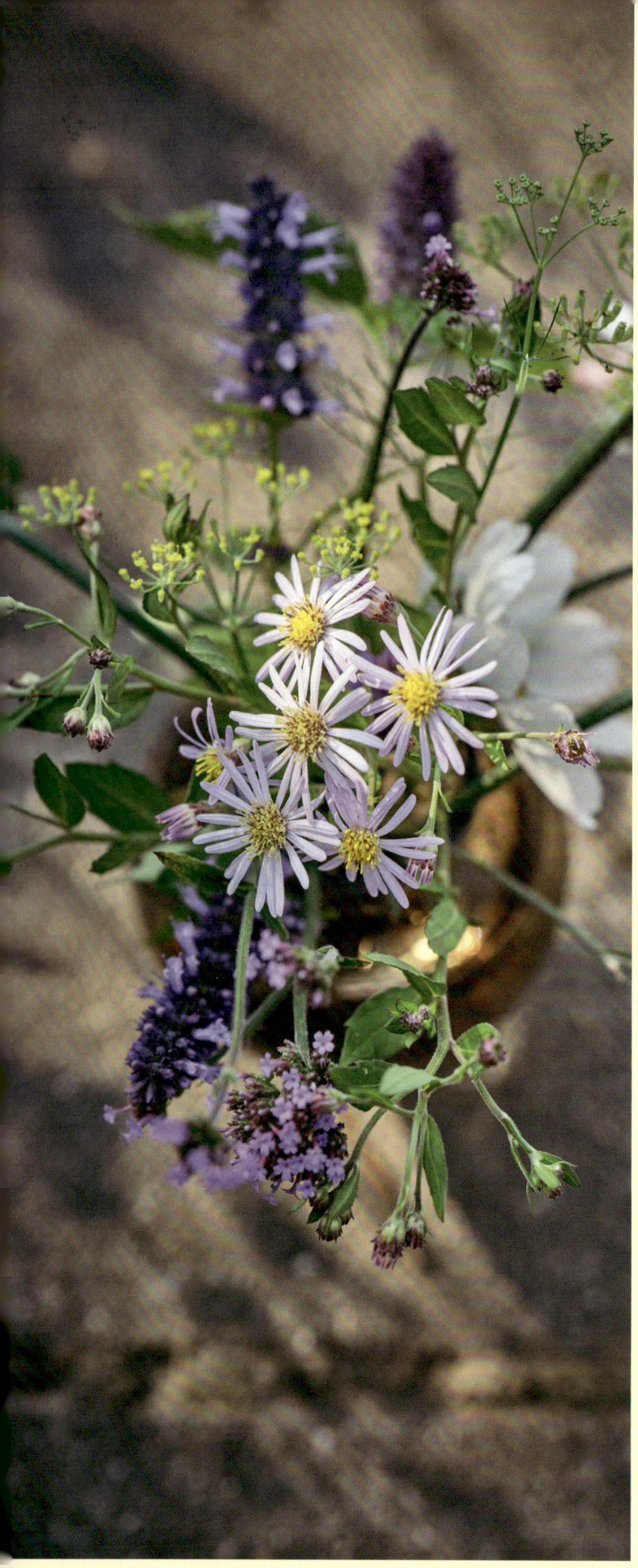
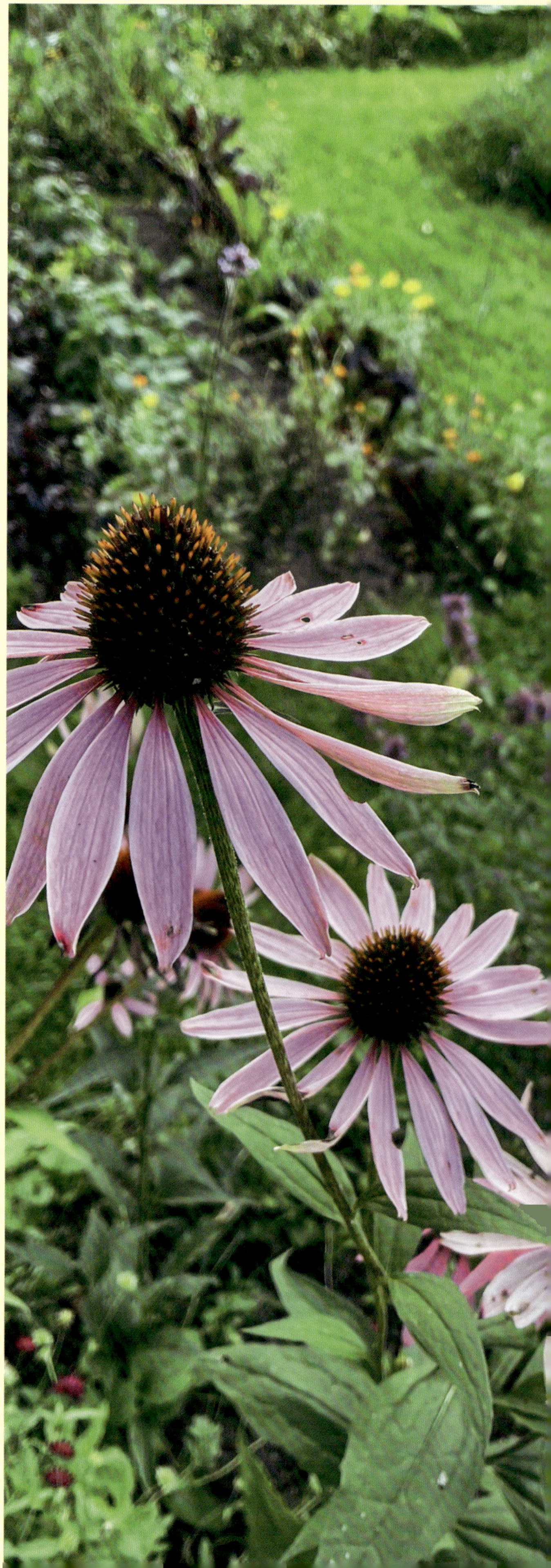

SESAM-RADIESCHEN

im Ofen gebacken

ZUTATEN

- 500 g kleine Drillinge
- 2 Bund Radieschen (ca. 250 g)
- Salz
- 2 TL Olivenöl
- ½ TL Koriandersamen
- ½ TL Schwarzkümmel
- 1 EL Tahin
- 1 EL Sojasauce
- ¼ Bund glatte Petersilie
- ¼ Bund Dill
- 1 TL rote Pfefferbeeren

ZUBEREITUNG

Zuerst den Backofen auf 200 °C (Ober-/Unterhitze) vorheizen. Die Kartoffeln und Radieschen gründlich waschen, dann Radieschen putzen. Kartoffeln und Radieschen der Länge nach halbieren. Die Drillinge in kochendem Salzwasser für 5 Minuten garen, dann abschrecken.

Kartoffeln und Radieschen in einer Schüssel mit 1 TL Olivenöl vermischen, dann auf einem tiefen Backblech verteilen. Im Backofen für ca. 10 Minuten garen.

In der Zwischenzeit die Koriandersamen und den Schwarzkümmel im Mörser fein zerstoßen. Mit Tahin, dem restlichen Olivenöl, der Sojasauce und 2 EL Wasser zu einer Marinade verrühren.

Die Radieschen und Kartoffeln nach der ersten Backzeit mit der Marinade auf dem Blech vermischen und weitere ca. 15–20 Minuten im Backofen schmoren.

Die Kräuter waschen, trocken schütteln, fein hacken und mit den Pfefferbeeren über die fertig gebackenen Radieschen und Drillinge streuen.

KOHLRABISCHNITZEL

mit Szechuan-Zuckerschoten

ZUTATEN

FÜR DIE SZECHUAN-MARINADE

1 TL Szechuanpfeffer

1 daumengroßes Stück frischer Ingwer

2 Knoblauchzehen

2 EL Sesamöl

½ TL Chiliflocken

½ TL Kreuzkümmel

2 EL Sojasauce

2 EL Honig

1 EL Weißweinessig

1 EL Mirin (Reiswein)

1 TL Chiliflocken

FÜR DIE SCHNITZEL

4 EL Dinkelmehl (Type 630)

2 Eier (Größe M)

Salz, Pfeffer

edelsüßes Paprikapulver

50 g Semmelbrösel

30 g gemahlene Mandeln

30 g geriebener Parmesan

2 Kohlrabi

2 EL Butter

3 EL Rapsöl

etwas Zitronensaft

AUSSERDEM

600 g Zuckerschoten

ZUBEREITUNG

Für die Marinade den Szechuanpfeffer in einer Pfanne leicht anrösten und anschließend in einem Mörser fein mahlen. Den Ingwer und den Knoblauch schälen und fein hacken. Mit den restlichen Zutaten in einer Schüssel gründlich vermengen.

Die Zuckerschoten waschen, trocknen, mit der Marinade mischen und für etwa 30 Minuten ziehen lassen. Währenddessen für die Schnitzel drei tiefe Teller bereitstellen. Im ersten Teller das Dinkelmehl verteilen und im zweiten Teller die Eier mit etwas Salz, Pfeffer und Paprikapulver verquirlen. In den dritten Teller die Semmelbrösel mit den gemahlenen Mandeln und dem Parmesan geben und vermischen.

Die Kohlrabi schälen, in ca. 1 cm dicke Scheiben schneiden und in einem Topf mit Salzwasser für ca. 4–5 Minuten garen. Das Wasser abgießen, die Kohlrabischeiben in einem Nudelsieb auffangen, mit kaltem Wasser abschrecken und trocknen.

In einer großen Pfanne Butter und Rapsöl erhitzen, die Kohlrabischeiben nun nacheinander durch die Panierstationen führen. Zuerst im Mehl wenden, anschließend durch die Eimischung ziehen, in Semmelbröseln wenden und die Panade etwas festdrücken. In der Pfanne von beiden Seiten bei mittlerer Hitze goldbraun braten und gegebenenfalls im Ofen warmhalten, bis alle Schnitzel gebraten sind.

Parallel in einer zweiten Pfanne die Zuckerschoten mit der Marinade anschwitzen und bissfest garen. Zusammen mit den Kohlrabischnitzeln anrichten und mit etwas Zitronensaft beträufeln.

GRÜNER SPARGELSALAT

mit Erdbeeren und Physalis-Dressing

ZUTATEN

1 kg grüner Spargel

500 g Erdbeeren

Salz

60 g Pinienkerne

100 g Physalis

1 TL Senf

Pfeffer

4 Zweige Basilikum

150 g Ziegenfrischkäse

1 EL Kürbiskernöl

ZUBEREITUNG

Den Spargel und die Erdbeeren waschen und trocknen. Eventuell holzige Enden des Spargels abschneiden und die Spargelstangen mit einem Sparschäler längs in schmale Streifen schneiden. Für 3 Sekunden in kochendem Salzwasser blanchieren und direkt unter kaltem Wasser abschrecken.

Die Erdbeeren je nach Größe vierteln oder halbieren und mit den Spargelstreifen in einer Schüssel mischen.

In einer kleinen Pfanne die Pinienkerne ohne Öl goldbraun rösten und auf einem Teller auskühlen lassen.

Für das Dressing die Hülle der Physalis entfernen und die Früchte waschen. Zusammen mit dem Senf und etwas Salz und Pfeffer pürieren und unter den Spargelsalat heben.

Basilikum waschen, trocken schütteln und klein zupfen. Den Ziegenfrischkäse in kleinen Tupfen auf dem Salat verteilen, mit Kürbiskernöl beträufeln und mit den Pinienkernen und Basilikum garnieren.

HOCH
SOMMER

Erbsen | Zuckerschoten | Tomaten | Melone | Gurke | Paprika | Spitzkohl | Brokkoli | Zucchini | Aprikosen | Pfirsiche | Beeren | Artischocke | Fenchel | Mangold | Pfifferlinge

TOMATENTATAR

mit Rucola und geräuchertem Käse

ZUTATEN

- 800 g Tomaten (aromatisch und mittelgroß, Sorte und Farbe nach Belieben)
- 2 rote Paprika
- 2 Schalotten
- 1 Vanilleschote
- Salz, Pfeffer
- 1 EL Olivenöl
- 1 EL Weißweinessig
- ½ Bund Rucola
- 100 g geräucherter Käse (z.B. Scamorza)
- 4 Zweige Basilikum

ZUBEREITUNG

Den Backofen auf 200 °C (Ober-/Unterhitze) vorheizen. Die Tomaten und Paprika waschen und trocknen. Die Paprika längs halbieren, putzen und mit der Schnittfläche nach unten auf ein mit Backpapier belegtes Backblech legen. Für ca. 20–30 Minuten im Ofen rösten, bis die Schalen der Paprika schwarz werden. Anschließend das Backblech aus dem Ofen nehmen und die Paprika mit einem Küchentuch bedeckt auskühlen lassen.

In der Zwischenzeit die Tomaten vierteln und entkernen. Die Schalotten schälen und beides in kleine Würfel schneiden. Die Vanilleschote längs halbieren, mit dem Messerrücken das Vanillemark herauskratzen und zusammen mit den Tomaten- und Schalottenwürfeln in eine Schüssel geben und vorsichtig vermengen.

Die Haut der gerösteten Paprika abziehen, das Fruchtfleisch ebenfalls klein würfeln und unter das Tomatentatar heben. Mit Salz, Pfeffer, Olivenöl und Weißweinessig würzen und abschmecken.

Nun den Rucola waschen, putzen und in mundgerechte Stücke schneiden. Das Tomatentatar als kleines Türmchen auf Tellern anrichten, mit einer Schicht Rucola bedecken. Den Käse grob reiben und das Tatar damit bestreuen. Als Garnitur einige Blätter Basilikum darauf verteilen und noch einmal mit etwas Salz und Pfeffer würzen.

WILDKRÄUTERSALAT

mit Cabrissac und Honig-Nüssen

FÜR DAS DRESSING

½ Kartoffel

Salz

50 ml Gemüsebrühe

1 EL Weißweinessig

½ TL Senf

4 EL Olivenöl

1 kleine Zwiebel

Salz, Pfeffer

FÜR DEN SALAT

400 g Wildkräuter

100 g Haselnusskerne

2 Ziegenkäse mit Asche
  (Cabrissac, à 150 g)

2 EL Honig

etwas Fenchelgrün und
  Fenchelblüten

Zur Vorbereitung der Vinaigrette die Kartoffel schälen, in kleine Stücke schneiden und in Salzwasser in etwa 10 Minuten weichkochen. Abgießen und zusammen mit der Gemüsebrühe, dem Weißweinessig, Senf und dem Olivenöl in ein hohes Gefäß füllen und mit dem Stabmixer fein pürieren. Die Zwiebel schälen, fein würfeln und mit Salz und Pfeffer unter die Vinaigrette heben. Wer diese etwas flüssiger mag, kann einfach noch etwas Gemüsebrühe hinzufügen.

Den Backofen auf 250 °C (Umluft mit Grillfunktion) einschalten. Die Wildkräuter gründlich waschen und trocken schütteln. Die Haselnüsse grob hacken, den Ziegenkäse auf ein Backblech mit Backpapier legen und die Nüsse darauf verteilen. Mit Honig beträufeln und kurz unter den Grill legen, bis die Nüsse leicht Farbe annehmen.

Fenchelgrün waschen, trocken schütteln und kleinschneiden. Mit den Wildkräutern und der Vinaigrette vermengen und zusammen mit den halbierten Ziegenkäsen und Fenchelblüten anrichten.

CEVICHE VOM WOLFSBARSCH

mit Fenchelgrün und gelben Tomaten

ZUTATEN

800 g frisches
  Wolfsbarschfilet

Salz

Saft von 6 Limetten

2 rote Zwiebeln

400 g kleine gelbe und
  rote Tomaten

2 Zweige Fenchelgrün

1 Bio-Orange

2 Stangen Staudensellerie

1 daumengroßes Stück
  Ingwer

1 Knoblauchzehe

1 TL Dijonsenf

2 EL fruchtiges Olivenöl

Chiliflocken

4 Zweige Koriander

ZUBEREITUNG

Das Wolfsbarschfilet abspülen, mit Küchenpapier trocknen und ggf. Gräten entfernen. Das Filet in etwa 2 cm große Würfel schneiden, in eine flache Schale legen, mit etwas Salz bestreuen und mit dem Saft von 4 Limetten übergießen. Abgedeckt im Kühlschrank ca. 30 Minuten ziehen lassen.

Währenddessen die Zwiebeln schälen, halbieren und in sehr feine Streifen schneiden. Diese kurz mit Salz bestreuen, etwas ziehen lassen und anschließend mit kaltem Wasser abspülen. Die Tomaten waschen und in feine Scheiben schneiden. Das Fenchelgrün ebenfalls waschen, klein hacken und mit den Tomaten und Zwiebelstreifen vermengen. Die Schale der Orange fein abreiben, den Abrieb auf einem kleinen Teller zur Seite stellen und den Saft auspressen.

Für die Vinaigrette den Sellerie gründlich waschen, trocknen, die hellen Enden der Stangenansätze abschneiden und die übrigbleibenden Stangen in sehr kleine Würfel schneiden. Ingwer und Knoblauch schälen und fein hacken und mit den Selleriewürfeln in einer kleinen Schüssel vermischen. Senf, Olivenöl, Orangen- und restlichen Limettensaft unterheben und mit Salz und Chiliflocken abschmecken. Koriander waschen, trocken schütteln, klein hacken und zur Vinaigrette geben.

Die Fischwürfel aus der Marinade heben, mit der Tomatenmischung auf Tellern anrichten und die Vinaigrette darüber gießen. Nach Belieben mit der abgeriebenen Orangenschale bestreuen.

SPAGHETTI

mit Erbsen-Knoblauch-Creme und Pecorino

ZUTATEN

400 g frische Erbsen
(in Schoten; alternativ
TK-Erbsen)

1 Stange Lauch

2 Knoblauchzehen

2 EL Olivenöl zum Braten

60 g Pinienkerne

400 g Spaghetti

Salz

4 Zweige Basilikum

Abrieb von ½ Bio-Zitrone

Pfeffer

60 g Pecorino

ZUBEREITUNG

Die Erbsen aus den Schoten lösen. Den Lauch gründlich waschen, putzen, längs halbieren und in feine Ringe schneiden. Knoblauch schälen, fein hacken und mit dem Lauch und dem Olivenöl bei kleiner Hitze in einer Pfanne anschwitzen. Die Erbsen hinzufügen, mit 100 ml Wasser aufgießen und ca. 5 Minuten köcheln lassen.

Parallel in einer kleinen Pfanne die Pinienkerne ohne Öl anrösten und die Spaghetti in einem Topf mit Salzwasser bissfest garen. Die Erbsen-Lauch-Mischung in ein hohes Gefäß füllen. Basilikum waschen und trocken schütteln. Zusammen mit dem Zitronenabrieb und den Pinienkernen in das Gefäß geben und alles fein pürieren. Mit Salz und Pfeffer abschmecken und in einem Topf warmhalten.

Die Spaghetti abgießen, dabei etwas Kochwasser auffangen. Die Erbsencreme mit etwas Nudelwasser und den Spaghetti vermengen und mit geriebenem Pecorino anrichten.

GARNELENSPIESSE

mit geschmortem Mangold und Kürbiskern-Mayonnaise

FÜR DIE MAYONNAISE

80 g Kürbiskerne

1 Knoblauchzehe

1 Eigelb

1 EL Senf

Saft von 2 Zitronen

200 ml Rapsöl

Salz, Pfeffer

1 Prise Zucker

AUSSERDEM

1 kg Garnelen (küchen-
    fertig und entdarmt)

3 Knoblauchzehen

2 EL Olivenöl

1,5 kg Mangold

3 rote Zwiebeln

3 EL Butter

400 g Tomaten

Salz, Pfeffer

frisch geriebene
    Muskatnuss

grobes Meersalz
    (nach Belieben)

Für die Kürbiskern-Mayonnaise die Kürbiskerne in einem Standmixer fein pürieren. Eine Knoblauchzehe schälen und klein hacken. Zusammen mit dem Eigelb, dem Senf und dem Saft von 1 ½ Zitronen in ein hohes Gefäß geben und mit dem Stabmixer aufschlagen. Nach und nach das Rapsöl in einem dünnen Strahl hinzugießen und weiter aufschlagen. Mit Salz, Pfeffer und einer Prise Zucker abschmecken, die gemahlenen Kürbiskerne unterheben und bis zur weiteren Verwendung im Kühlschrank aufbewahren.

Anschließend die Garnelen waschen, trocknen und auf Holzspieße stecken. Zwei Knoblauchzehen samt der Schale leicht plattdrücken und in einer großen Pfanne mit Olivenöl erwärmen. Die Garnelenspieße dazu geben, von beiden Seiten anbraten und im Knoblauchöl schwenken.

Mangold waschen und die Blätter von den Stielen trennen. Die Zwiebeln schälen und zusammen mit den Mangoldstielen in grobe Streifen bzw. Scheiben schneiden. In einer zweiten Pfanne die Butter erwärmen, Mangoldstiele und Zwiebeln darin anbraten. Tomaten waschen und grob würfeln. Die letzte Knoblauchzehe schälen, klein hacken. Tomaten und Knoblauch in die Pfanne geben. Wieder leicht anbraten und kurz schmoren lassen. Zum Schluss die Mangoldblätter untermischen und so lange schmoren, bis sie leicht zusammengefallen sind. Mit Salz, Pfeffer und Muskatnuss abschmecken und mit den Garnelen und der Kürbiskern-Mayonnaise anrichten.

Nach Belieben die Garnelen mit dem restlichen Zitronensaft und grobem Meersalz würzen.

GARTENPARTY AM ABEND

ZITRONENVERBENE-EISTEE

ZITRONEN-DORADE VOM GRILL

ERDBEER-PANZANELLA
MIT GERÖSTETEM HÜHNCHEN

ZITRONEN-DORADE VOM GRILL

mit Basilikum-Zucchini

ZUTATEN

4 kleine Zucchini

Salz

30 g Pinienkerne

4 mittelgroße Doraden (küchenfertig)

2 Bio-Zitronen

4 Zweige Rosmarin

4 EL Olivenöl

3–4 Zweige Basilikum

Pfeffer

50 g Parmesan

ZUBEREITUNG

Zuerst die Zucchini waschen, putzen und in längliche Scheiben schneiden. Die Oberflächen mit Salz bestreuen und etwas ziehen lassen, damit das Wasser austritt. Die Pinienkerne in einer Pfanne ohne Öl goldbraun rösten und abkühlen lassen.

In der Zwischenzeit die Doraden, Zitronen und den Rosmarin gründlich waschen. Die Zitronen in Scheiben schneiden und mit den Rosmarinzweigen in die Doraden legen. Die Seitenflossen der Doraden entfernen und die Haut auf jeder Seite zwei- bis dreimal diagonal einschneiden, aber nicht zu tief.

Die Fische in ein Fischgitter einspannen und auf dem Grill von beiden Seiten knusprig, jedoch nicht trocken grillen. Parallel die Zucchini abspülen und in einer Grillpfanne mit Olivenöl anrösten. Basilikum waschen, trocken schütteln und grob zupfen. Mit dem Pfeffer unter die Zucchini mengen und kurz mit anbraten.

Die Zucchini mit Pinienkernen und Parmesanhobeln anrichten und die Doraden dazu servieren.

ZITRONENVERBENE-EISTEE

mit Himbeeren

ZUTATEN

2 lange oder 4 kleine
Zweige Zitronen-
verbene

100 g Himbeeren

1 EL Rohrohrzucker

Eiswürfel

ZUBEREITUNG

Die Zitronenverbene und Himbeeren gründlich waschen und die Zitronen-
verbene-Blätter von den Stielen zupfen. Diese in eine hohe Karaffe füllen
und mit 1 Liter kochendem Wasser aufgießen. Den Zucker unterrühren und
etwa 7–10 Minuten ziehen lassen. Den Tee durch ein Sieb abgießen und
vollständig auskühlen lassen.

4 Gläser mit Eiswürfeln und Himbeeren füllen und mit Zitronenverbene-
Tee aufgießen.

ERDBEER-PANZANELLA

mit geröstetem Hühnchen

ZUTATEN

1 Ciabatta

6 EL Olivenöl

Salz

60 g Pinienkerne

600 g Kirschtomaten

500 g Erdbeeren

1 Gurke

1 Bund Basilikum

1 Knoblauchzehe

2 EL Weißweinessig

Pfeffer

2 Hähnchenbrustfilets

Saft von ½ Zitrone

60 g Parmesan

ZUBEREITUNG

Zuerst die Ciabatta in grobe Würfel schneiden, in einer Pfanne mit etwa 2 EL Olivenöl vermengen und von allen Seiten kross anbraten und salzen. In eine große Schüssel umfüllen und in der noch warmen Pfanne ohne weiteres Öl die Pinienkerne goldbraun rösten. Diese ebenfalls zu den Brotwürfeln geben und etwas abkühlen lassen.

Tomaten, Erdbeeren, Gurke und Basilikum waschen und trocknen. Das Grün der Erdbeeren entfernen und mit den Tomaten halbieren oder vierteln. Die Gurke längs vierteln, die Kerne entfernen und in feine Scheiben schneiden. Basilikum klein zupfen. Alles zusammen in der Schüssel mit den Brotwürfeln und Pinienkernen gut vermischen.

Knoblauch schälen und klein hacken. 3 EL Olivenöl mit Essig, Knoblauch, Salz und Pfeffer verrühren. Unter den Brotsalat heben.

Zum Schluss die Hähnchenbrustfilets in Streifen schneiden, im restlichen Olivenöl von allen Seiten anbraten, mit etwas Zitronensaft beträufeln und zum Salat geben. Mit grob gehobeltem Parmesan abrunden und die Panzanella anrichten.

SPITZKOHLNESTER

mit Falafelbratlingen und Sesam-Joghurt

ZUTATEN

- 200 g getrocknete Kichererbsen
- ½ Bund Koriander
- 1 Zwiebel
- 2 Knoblauchzehe
- 2 TL gemahlener Kreuzkümmel
- Saft von 1 Zitrone
- Salz, Pfeffer
- 2 EL Mehl
- 1 TL Chiliflocken
- 1 Spitzkohl
- 2 EL Butter
- 1 EL Sesam
- frisch geriebene Muskatnuss
- 2 EL Rapsöl
- 2 EL Tahin
- 150 g Joghurt

ZUBEREITUNG

Die Kichererbsen am Vortag in einer Schüssel mit doppelt so viel Wasser bedecken und für mindestens 12 Stunden abgedeckt einweichen lassen. Anschließend abgießen und in einem Sieb gründlich mit kaltem Wasser abwaschen.

Koriander waschen, trocken schütteln und klein zupfen. Zwiebel und Knoblauch schälen, beides in grobe Stücke schneiden und mit den Kichererbsen, 1 TL Kreuzkümmel, der Hälfte des Zitronensafts und Koriander in einer Küchenmaschine fein pürieren. Mit Salz, Pfeffer, Mehl und ½ TL Chiliflocken würzen, mit feuchten Händen zu kleinen Bällchen formen und diese etwas plattdrücken.

Den Spitzkohl waschen, halbieren, den Strunk entfernen und den Rest in feine Streifen schneiden. Die Butter in einer Pfanne erhitzen, den Spitzkohl mit dem restlichen Kreuzkümmel hinzufügen und ca. 20 Minuten schmoren. Mit Salz, Pfeffer, Sesam und Muskatnuss abschmecken und in einer Schüssel warmhalten. Rapsöl in einer Pfanne erhitzen und die Falafelbratlinge darin von allen Seiten bei kleiner bis mittlerer Hitze goldbraun braten.

Währenddessen für den Dip das Tahin mit Joghurt, restlichem Zitronensaft und ½ TL Chiliflocken verrühren. Den Spitzkohl als Nester mit dem Dip und den Falafeln anrichten und servieren.

GURKEN-

Kimchi

ZUTATEN

600 g kleine Landgurken

12 g Salz

½ Apfel

4 cm frischer Ingwer

1 Bund Frühlingszwiebeln

1 kleiner Rettich

3 Knoblauchzehen

2 EL Fischsauce

2 EL Sojasauce

1 TL Chiliflocken

2 EL Rohrohrzucker

ZUBEREITUNG

Die Gurken waschen, die Enden abschneiden und mit einem Sparschäler in längliche Scheiben schneiden. Mit Salz bestreuen und ca. 30 Minuten ziehen lassen, sodass die Flüssigkeit aus den Gurken tritt. Anschließend in einem Sieb abtropfen lassen.

Für die Kimchi-Paste Apfel, Ingwer und die Frühlingszwiebeln gründlich waschen. Frühlingswiebel putzen, Ingwer, Apfel und Rettich schälen. Den Apfel entkernen und zusammen mit den Frühlingszwiebeln und dem Rettich in feine ca. 4 cm lange Streifen schneiden. Den Ingwer reiben und den Knoblauch schälen und kleinhacken. Alles in einer Schüssel vermengen. Mit Fisch- und Sojasauce verrühren, mit Chiliflocken und Zucker würzen und alles leicht zerdrücken, sodass eine Paste entsteht.

Die abgetropften Gurken mit der Kimchi-Paste vermischen, in ein flaches Gefäß füllen, abdecken, ab und zu umrühren und für mindestens 12 Stunden bei Zimmertemperatur ziehen lassen.

„GAZPACHO CLÁSICO"

mit Paprika, Gurke und Tomate

ZUTATEN

800 g Tomaten

1 grüne Paprika

1 Gurke

2 Knoblauchzehen

1 Schalotte

1 daumengroßes Stück Ingwer

2 EL Weißweinessig

Salz

1 Scheibe Ciabatta

3 EL fruchtiges Olivenöl

Pfeffer

ZUBEREITUNG

Für die Gazpacho die Tomaten, Paprika und Gurke waschen und putzen. Die Gurke schälen. Alles in grobe Würfel schneiden und in einen Standmixer füllen.

Den Knoblauch, die Schalotte und den Ingwer schälen, klein schneiden und mit dem Weißweinessig und etwas Salz zur Gemüsemischung geben. Die Ciabatta grob zerteilen und hinzufügen.

Alles fein pürieren, das Olivenöl hinzufügen und das Gazpacho noch einmal aufschlagen. Mit Salz und Pfeffer abschmecken und sofort servieren.

Für eine spätere Verwendung im Kühlschrank abgedeckt lagern.

FENCHEL-PFIRSICH-SALAT

mit dicken Bohnen

ZUTATEN

60 g Kürbiskerne

600 g dicke Bohnen

Salz

2 Pfirsiche

2 mittelgroße
Fenchelknollen

200 g gemischte Salat-
blätter

1 EL Honig

1 EL Senf

4 EL Olivenöl

2 TL Tahin

Pfeffer

einige Fenchelblüten

1 Sesambrot

ZUBEREITUNG

Vorab die Kürbiskerne in einer Pfanne ohne Fett rösten und auf einem Teller abkühlen lassen.

Die Bohnen waschen, aus den Hülsen lösen und in ca. 5 Minuten in Salzwasser kochen. Anschließend unter kaltem Wasser abschrecken.

Die Pfirsiche, den Fenchel und die Salatblätter waschen und abtrocknen. Pfirsiche halbieren, entkernen und in Spalten schneiden. Den Fenchel längs halbieren, den Strunk herausschneiden und den Rest in feine Streifen schneiden. Diese mit etwas Salz in einer Schüssel leicht mit den Händen kneten und mit den Pfirsichspalten, Bohnen und Salatblättern mischen.

Honig, Senf, Olivenöl, Tahin und Pfeffer verrühren, mit den Kürbiskernen unter den Salat heben und mit den Fenchelblüten bestreuen. Frisch geröstetes Sesambrot dazu servieren.

SAFTIGES FLANKSTEAK

mit Pfifferlingen und Wildkräutersalat

ZUTATEN

300 g Wildkräutersalat

300 g Himbeeren

8 Zweige Basilikum

1 Knoblauchzehe

1 ½ EL körniger Senf

3 EL fruchtiges Olivenöl

1 EL Zitronensaft

Salz, Pfeffer

600 g Pfifferlinge

4 EL Butter

1 Flanksteak (ca. 800 g)

1 EL Olivenöl zum Braten

4 Zwiebeln

edelsüßes Paprikapulver

ZUBEREITUNG

Salat, Himbeeren und Basilikum gründlich waschen und in einem großen Sieb abtropfen lassen. Anschließend die Salatblätter und die Himbeeren in eine große Schüssel geben. Die Basilikumblätter von den Stielen zupfen, grob zerteilen und hinzufügen. Knoblauch schälen und klein hacken. Eine Vinaigrette aus Senf, Olivenöl, Zitronensaft und Knoblauch anrühren. Mit Salz und Pfeffer würzen und unter den Salat mischen.

Die Pfifferlinge mit einem kleinen Pinsel gründlich putzen, je nach Größe halbieren und in einer Pfanne mit 2 EL geschmolzener Butter anbraten. Das Steak mit etwas Küchenpapier trocken tupfen und auf dem Grill oder in einer Grillpfanne mit Olivenöl von beiden Seiten ca. 2–3 Minuten (je nach gewünschtem Gargrad und Dicke des Fleisches) anbraten. Anschließend auf ein Holzbrett legen und abgedeckt ca. 10 Minuten ruhen lassen.

Die fertig gebratenen Pilze aus der Pfanne nehmen und unter den Salat heben. Die Zwiebeln schälen, in Ringe schneiden und in der Pfanne mit der restlichen Butter goldbraun braten. Mit etwas Paprikapulver bestäuben.

Das Flanksteak in schmalen Streifen aufschneiden, mit Salz und Pfeffer würzen und mit den Röstzwiebeln zum Salat servieren.

ZUCCHINISUPPE

mit Minze und Koriander

- 800 g Zucchini
- 2 Zweige frische Minze
- ¼ Bund Koriander
- 2 Knoblauchzehen
- 1 große Zwiebel
- 3 EL helles Sesamöl
- 1 Dose Kichererbsen (240 g Abtropfgewicht)
- Salz, Pfeffer
- ½ TL Chiliflocken
- ½ TL gemahlener Kreuzkümmel
- 1 l Gemüsebrühe

ZUBEREITUNG

Zucchini, Minze und Koriander gründlich waschen und trocknen. Die Zucchini putzen und grob würfeln. Knoblauch und Zwiebel schälen und fein würfeln. Sesamöl in einem Topf erhitzen und Zucchini-, Knoblauch- und Zwiebelwürfel darin bei kleiner Hitze anschwitzen.

Kichererbsen abgießen, abspülen und zu den angeschmorten Zucchini geben. Die Hitze etwas erhöhen und mit Salz, Pfeffer, Chiliflocken und Kreuzkümmel würzen. Mit der Gemüsebrühe ablöschen und abgedeckt bei reduzierter Hitze ca. 15 Minuten köcheln lassen.

Die Blätter von Minze und Koriander abzupfen und zur Suppe gegeben. Alles fein pürieren und noch einmal mit Salz und Pfeffer abschmecken.

PANNA COTTA

mit Ingwer-Kirschen

ZUTATEN

4 Blatt Gelatine

600 ml Sahne

9 EL Rohrohrzucker

Mark von 2 Vanilleschoten

Abrieb von 1 Bio-Zitrone

300 g Kirschen

4 cm frischer Ingwer

ZUBEREITUNG

Für die Panna cotta die Gelatine in kaltem Wasser einweichen und quellen lassen.

Die Sahne mit 6 EL Zucker und Vanillemark in einem kleinen Topf vermengen und unter ständigem Rühren langsam erwärmen. Den Zitronenabrieb dazugeben und kurz aufkochen lassen. Sofort vom Kochfeld nehmen, durch ein Sieb abgießen und die abgetropfte Gelatine gründlich in der warmen Sahne durch Rühren auflösen.

Die Masse in 4 Förmchen füllen und im Kühlschrank für ca. 3 Stunden kühl stellen.

In der Zwischenzeit die Kirschen entsteinen, den Ingwer schälen und fein hacken und in einem Topf zusammen mit dem restlichen Zucker aufkochen und etwa 10 Minuten bei geringer Hitze köcheln. Anschließend abkühlen lassen.

Die Panna-cotta-Förmchen zum einfacheren Stürzen kurz in heißes Wasser tauchen und zusammen mit den Kirschen servieren.

ERDBEER-KOKOS-

Eis

ZUTATEN

1 Vanilleschote

600 g Erdbeeren

800 ml Kokosmilch

1 EL Rohrohrzucker

4 EL Ahornsirup

Saft von 1 Limette

4 EL Kokoschips

ZUBEREITUNG

Die Vanilleschote längs halbieren und das Mark mit der Rückseite eines Messers herausschaben.

Die Erdbeeren gründlich waschen, den Stielansatz entfernen und die Früchte halbieren. In eine Standmixer geben und fein pürieren. Die Kokosmilch mit Zucker, Vanillemark, Ahornsirup und dem Limettensaft hinzufügen und ein weiteres Mal alles gründlich im Mixer vermengen.

Die Eismasse entweder in eine Eismaschine geben und gefrieren lassen oder in eine flache Schale füllen und im Gefrierfach kaltstellen. Alle 30 Minuten einmal umrühren, bis die Eismasse die richtige Konsistenz bekommen hat.

Zum Servieren die Kokoschips in einer Pfanne ohne Fett unter Rühren leicht goldbraun anrösten, abkühlen lassen und mit dem Erdbeer-Kokos-Eis servieren.

ZITRONEN-SEMIFREDDO

mit Zitronenstückchen

ZUTATEN

2 Bio-Zitronen

100 g Zucker

2 EL Limoncello

3 Eiweiße

200 ml Sahne

4 EL Mandelblättchen

2 EL getrocknete
    Cranberrys

AUSSERDEM

Kastenform
    (20 cm Länge)

ZUBEREITUNG

Die Zitronen waschen und die Schale mit einem Sparschäler dünn abschälen. Die Schale in schmale Streifen schneiden, die Zitronen halbieren und den Saft auspressen.

In einem kleinen Topf den Zucker mit 4 EL Wasser erhitzen, die Zitronenschale hineingeben und 8–10 Minuten bei kleiner Hitze köcheln lassen, bis sich die Flüssigkeit sirupartig verbunden hat. Etwas abkühlen lassen und den Limoncello und den Zitronensaft unterrühren.

Anschließend die Eiweiße und die Sahne getrennt voneinander steif schlagen. Den Sirup unter den Eischnee heben, ebenso wie die geschlagene Sahne. Die Kastenform mit Frischhaltefolie auskleiden, die Masse einfüllen und im Tiefkühlschrank etwa 4 Stunden fest werden lassen.

In dieser Zeit die Mandelblättchen in einer Pfanne ohne Öl goldbraun rösten. Die Cranberrys hacken und mit den Mandelblättchen in einer Schüssel mischen. Als Topping auf dem Semifreddo verteilen und servieren.

SOMMERBEEREN-EIS

am Stiel

ZUTATEN

80 g Rohrohrzucker

2 TL Holunderblütensirup

200 g Himbeeren

300 g Blaubeeren

150 g griechischer Joghurt

1 EL frisch gepresster
Zitronensaft

1 EL Honig

AUSSERDEM

8 Stieleis-Silikonformen

ZUBEREITUNG

100 ml Wasser und den Zucker in einem kleinen Topf aufkochen, die Hitze etwas reduzieren und mit einem Löffel ab und zu rühren, bis sich der Zucker aufgelöst hat. Anschließend abkühlen lassen und mit dem Holunderblütensirup vermengen.

In der Zwischenzeit die Beeren jeweils getrennt waschen, abtropfen lassen und in einem hohen Gefäß, ebenfalls separat voneinander, pürieren. Unter das Himbeerpüree etwa 50 ml und unter das Blaubeerpüree ca. 65 ml Sirup rühren.

In einer Schüssel den Joghurt mit dem Zitronensaft und Honig verrühren und als erste Schicht zu etwa je einem Drittel in die Eis-Silikonformen füllen. Anschließend vorsichtig das Himbeerpüree ebenfalls zu einem Drittel über einen Löffelrücken auf den Joghurt fließen lassen und mit dem Blaubeerpüree ebenso abschließen. Mit den Stielen der Eisformen verschließen und im Gefrierfach über Nacht fest werden lassen.

Die Eis am Stiel ca. 2 Minuten vor dem Verzehr aus dem Gefrierfach nehmen und vorsichtig aus den Formen ziehen.

 Um die Eis am Stiel noch einfacher aus den Formen zu lösen, diese bis kurz vor der Oberkante für etwa 2 Sekunden in warmes Wasser tauchen.

BEEREN-SIRUP

mit Crèmant & Blüten

ZUTATEN

**FÜR DEN BEERENSIRUP
(CA. 400 ML)**

250 g gemischte Beeren
(z B. Him-, Brom-, Blau-
und/oder Johannis-
beeren)

Saft von ½ Zitrone

250 g Rohrohrzucker

AUSSERDEM

1 Glasflasche (ca. 400 ml
Fassungsvermögen)

1 Flasche Crèmant

essbare Blütenblätter
(z.B. Ringblumen oder
Hornveilchen)

ZUBEREITUNG

Für den Beerensirup am Vortag die gemischten Beeren gründlich waschen und zusammen mit dem Zitronensaft in einen Standmixer geben. Alles fein pürieren. Ein Mulltuch in ein Sieb legen und dieses auf einen Topf stellen. Das Beerenpüree in das Tuch gießen, dieses zusammenfalten und auswringen, bis der komplette Saft herausgepresst wurde.

Den Zucker zum Beerensaft geben und mit ca. 125 ml Wasser auffüllen. Alles vermengen, aufkochen lassen und etwa 3 Minuten unter Rühren bei mittlerer Hitze kochen lassen.

Den Sirup in eine mit heißem Wasser ausgekochte Flasche füllen, verschließen, komplett auskühlen lassen und im Kühlschrank für den nächsten Tag kaltstellen.

Für den Drink jeweils 3 cl Beerensirup in Sektgläser füllen, mit gekühltem Crèmant auffüllen und mit Blütenblättern garnieren.

BEERENTÖRTCHEN

mit Nüssen

ZUTATEN

3 EL Rohrohrzucker

100 g Mehl

100 g zarte Haferflocken

1 TL gemahlener Zimt

70 g Margarine, plus etwas
    mehr für die Förmchen

150 g Mascarpone

1 EL Milch

Abrieb und Saft von
    ½ Bio-Zitrone

240 g gemischte frische
    Beeren

20 g Pistazien

AUSSERDEM

4 Tartelette-Förmchen
    (ø ca. 9 cm)

ZUBEREITUNG

Den Backofen auf 200 °C (Ober-/Unterhitze) vorheizen. In der Zwischenzeit in einer Schüssel 2 EL Zucker, Mehl, Haferflocken, Zimt und die Margarine zügig mit den Fingerspitzen zu einem Teig verkneten.

Die Tartelette-Förmchen mit etwas Margarine einfetten, den Teig vierteln und die Förmchen damit auskleiden. Dabei einen kleinen Rand andrücken und mit einer Gabel die Böden einstechen. Im Backofen ca. 20–25 Minuten backen und anschließend abkühlen lassen.

In der Zwischenzeit die Mascarpone mit dem restlichen Zucker, der Milch, dem Zitronenabrieb- und saft verrühren und die Beeren gründlich waschen und verlesen. Die Pistazien kleinhacken. Die Mascarponecreme auf den ausgekühlten Törtchen-Böden verteilen, die Beeren darauf anrichten und mit Pistazien bestreuen.

COCKTAILPARTY AM POOL

MELONEN-GAZPACHO
MIT FRITTIERTEN
GARNELENBÄLLCHEN

GARDEN FIZZ

SOMMERROLLEN
MIT ERDNUSSDIP

KRÄUTER-APERITIF

KRÄUTERSIRUP

mit 3 Verwendungsmöglichkeiten

ZUTATEN

FÜR DEN KRÄUTERSIRUP (CA. 1 LITER)

4 Zweige Zitronenthymian

5 Zweige Zitronenverbene

1 Zweig Rosmarin

Saft von ½ Zitrone

500 g Rohrohrzucker

FÜR DIE REZEPT-VARIANTEN

20 cl Wermut

einige Eiswürfel

Tonic Water

2 Bio-Orangenscheiben

4 Pfirsiche

Mineralwasser

ZUBEREITUNG

Die Kräuter gründlich waschen, in einen Topf geben und mit 1 Liter kochendem Wasser aufgießen. Wie einen Kräutertee ca. 10 Minuten ziehen lassen. Anschließend durch ein feines Sieb abgießen und den Kräutertee mit dem Zitronensaft und dem Zucker unter Rühren in einem Topf aufkochen.

In eine mit heißem Wasser ausgespülte Flasche füllen, verschließen und auskühlen lassen.

Dieser Kräutersirup ist vielseitig verwendbar. Hier sind 3 Tipps dazu:

KRÄUTER-APERITIF

In 4 Gläsern je 2 cl Kräutersirup und 5 cl Wermut vermengen, einige Eiswürfel dazugeben, mit Tonic Water auffüllen und mit je ½ Orangenscheibe garnieren.

PFIRSICHE MIT KRÄUTERSIRUP

Die Pfirsiche waschen, halbieren, entkernen und mit der Schnittfläche nach unten auf dem Grill anrösten. Zum Servieren mit etwas Kräutersirup beträufeln.

KRÄUTER-LIMONADE

In 4 Gläser je 5 cl Kräutersirup füllen, 2–3 Eiswürfeln dazugeben, mit gekühltem Mineralwasser aufgießen und umrühren.

MELONEN-GAZPACHO

mit Gin und frittierten Garnelenbällchen

ZUTATEN

- 500 g Wassermelone
- 5 mittelgroße Tomaten
- 1 Zwiebel
- 1 daumengroßes Stück frischer Ingwer
- 2 EL Gin
- 1 EL fruchtiges Olivenöl
- 2 Zweige Basilikum
- 1 EL Limettensaft
- ½ TL Chiliflocken
- Salz, Pfeffer
- ½ l helles Sesamöl zum Frittieren
- 600 g Garnelen
- 3 Frühlingszwiebeln
- ½ Bund Koriander
- 4 EL Panko (japanisches Paniermehl)

ZUBEREITUNG

Die Wassermelone halbieren, das Fruchtfleisch aus der Schale schneiden und dieses in grobe Stücke teilen. Die Tomaten waschen, putzen und anschließend mit einer Küchenreibe grob raspeln, sodass die Schale der Tomaten übrigbleibt. Das Tomatenfruchtfleisch mit den Melonenstücken in einen Standmixer füllen.

Die Zwiebel und den Ingwer schälen, beides klein schneiden und mit dem Gin, dem Olivenöl, den gewaschenen Basilikum und dem Limettensaft zu den Melonenstücken geben. Alles fein pürieren und mit Chiliflocken, Salz und Pfeffer abschmecken. Das Gazpacho bis zur Verwendung kaltstellen.

Für die Garnelenbällchen das Sesamöl in einem kleinen Topf langsam und nicht zu heiß erhitzen. Parallel die Garnelen waschen, schälen, den Darm entfernen und das Garnelenfleisch sehr fein schneiden. Frühlingszwiebeln putzen und ebenfalls kleinschneiden. Den Koriander waschen, trocken schütteln, fein hacken und mit dem Garnelenfleisch, Salz, Pfeffer und den Frühlingszwiebeln vermischen und zu kleinen Bällchen formen. Diese in Panko wälzen und im heißen Sesamöl goldbraun ausbacken. Anschließend mit einer Schöpfkelle aus dem Öl heben, auf Küchenpapier abtropfen lassen und mit der Gazpacho servieren.

SOMMERROLLEN

mit Melone und Erdnussdip

ZUTATEN

- ¼ Cantaloupe-Melone
- 50 g Glasnudeln
- 3 Zweige Minze
- 3 Zweige Koriander
- 1 rote Paprika
- 2 Stangen Staudensellerie
- 2 Möhren
- 200 g geräucherter Tofu
- 16 Blätter Reispapier
  (ø 22 cm)
- 3 EL cremige Erdnuss-
  butter
- 1 Knoblauchzehe
- 2 EL Sojasauce
- 1 EL geriebener Ingwer
  (Glas)
- 1 EL Sesam

ZUBEREITUNG

Die Melone halbieren, entkernen und das Fruchtfleisch von der Schale trennen. Die Glasnudeln nach Packungsanleitung zubereiten.

Minze, Koriander, Paprika und Sellerie waschen, die Paprika entkernen und die Möhren schälen. Den Tofu trocken tupfen. Melonenfruchtfleisch, Paprika, Sellerie, Möhren und Tofu in längliche Stifte schneiden und mit den Glasnudeln vermischen.

Anschließend die Reispapierblätter einzeln durch etwas warmes Wasser ziehen, abtropfen lassen und auf einen Teller legen. In die Mitte jeweils etwas von den gemischten Zutaten legen und mit 1–2 Minze- und Korianderblättern garnieren. Die Seiten der Reispapierblätter über die Füllung schlagen, von vorn nach hinten aufrollen und auf einer Platte zur Seite legen. Mit den restlichen Reispapierblättern ebenso verfahren, bis 16 Sommerrollen zubereitet sind.

Für den Erdnussdip den Knoblauch schälen und mit Erdnussbutter, Sojasauce, Ingwer, 3 EL Wasser und dem Sesam fein pürieren. Zusammen mit den Sommerrollen anrichten.

GARDEN FIZZ

Cocktail

ZUTATEN

300 g Äpfel

160 ml Gin

60 ml Holunderblüten-
sirup

Eiswürfel

¼ Gurke

AUSSERDEM

4 Holzspieße

Mineralwasser

ZUBEREITUNG

Die Äpfel waschen und mit Hilfe eines Entsafters oder Dampfentsafters entsaften. Dabei sollten mindestens 120 ml an reinem Apfelsaft entstehen.

Diesen auf 4 Longdrink-Gläser verteilen, den Gin und den Holunderblütensirup darauf gießen, umrühren und je 2–3 Eiswürfel hineingeben. Die Gurke waschen, längliche dünne Scheiben mit einem Sparschäler abziehen und diese auf einen Holzspieß aufreihen.

Die Cocktails mit Mineralwasser auffüllen und mit je einem Gurkenspieß servieren.

Tipp **Wer keinen Entsafter hat, kann den frisch gepressten Apfelsaft auch durch einen guten Apfeldirektsaft ersetzen.**

„INFUSED WATER" –

Schafgarbe mit Johannisbeere

ZUTATEN

8 lange Johannisbeer-
Rispen

1 Bio-Limette

10 Schafgarbeblätter

4 Schafgarbeblüten

Mineralwasser

Eiswürfel

ZUBEREITUNG

Johannisbeeren, Limette und Schafgarbeblätter und -blüten gründlich, aber vorsichtig waschen.

Die Limette in Scheiben schneiden, alle Zutaten in eine große Glaskaraffe füllen, mit Mineralwasser aufgießen und etwas ziehen lassen.

Zum Servieren ein paar Eiswürfel auf Gläser verteilen und mit dem „Infused Water" auffüllen.

MANGOLD-PFIFFERLING-

Frittata mit Lardo

ZUTATEN

300 g Pfifferlinge

1 Zwiebel

1 Knoblauchzehe

½ Bund Mangold

1 ½ EL Olivenöl zum Braten

4 Eier

60 g Parmesan

Salz, Pfeffer

½ Bund Schnittlauch

4 hauchdünn geschnittene Scheiben Lardo (italienischer Schinken)

ZUBEREITUNG

Zuerst die Pfifferlinge gründlich putzen und je nach Größe halbieren oder vierteln. Zwiebel und Knoblauch schälen und fein würfeln. Den unteren Stielansatz des Mangolds abschneiden, die Mangoldstangen waschen und trocknen. Mangoldstiele von den Blättern trennen und beides in schmale Streifen schneiden.

In einer Pfanne 1 EL Olivenöl erhitzen, die Zwiebel- und Knoblauchwürfel zufügen und bei schwacher Hitze anschwitzen. Mangoldstiele und Pfifferlinge zugeben und bei mittlerer Hitze von allen Seiten anbraten. Zum Schluss die Mangoldblätterstreifen in die Gemüsepfanne geben und ebenfalls kurz braten. Die Pfanne vom Herd nehmen.

Anschließend in einer großen Schüssel die Eier aufschlagen. Den Parmesan reiben und unterheben. Kräftig mit Salz und Pfeffer würzen und das Gemüse dazu geben. Schnittlauch waschen, trocken schütteln und klein hacken.

In einer beschichteten Pfanne das restliche Olivenöl erwärmen, die Frittata-Mischung hineingeben, die Lardo-Scheiben darauf verteilen und abgedeckt etwa 5 Minuten bei kleiner bis mittlerer Hitze garen. Die Frittata anschließend noch einmal in der Pfanne wenden und kurz anbraten. Aus der Pfanne heben, in Stücke schneiden und mit Schnittlauch garnieren.

KIRSCH-GRANITA

mit Vanille

ZUTATEN

1,5 kg Kirschen

1 Bourbon-Vanillestange

250 g sehr feiner Zucker

ZUBEREITUNG

Die Kirschen waschen, entsteinen und mit dem Stabmixer fein pürieren. Anschließend durch ein feines Sieb streichen und etwa ein Drittel der Masse in einem Topf langsam erhitzen.

Die Vanillestange längs halbieren, das Vanillemark aus der Schale kratzen und zum Kirschpüree in den Topf geben. Den Zucker hinzufügen und unter Rühren langsam erwärmen, bis sich der Zucker aufgelöst hat. Den Topf vom Herd ziehen und, wenn sich die Kirsch-Zucker-Masse etwas abgekühlt hat, das restliche Kirschpüree unterheben.

Die Granita-Masse in eine gefriergeeignete Schale füllen und für 3–4 Stunden in den Gefrierschrank stellen. Etwa jede Viertelstunde die Masse mit einem Schneebesen verschlagen, bis die Granita eine grobkörnige Konsistenz bekommt. Direkt servieren oder im Gefrierfach für einen späteren Genuss noch bis zu 3 Tage aufbewahren.

„HERBAL INFUSION"

mit blühendem Basilikum und Malvenblüten

ZUTATEN

6 Malvenblüten

3 Zweige blühender
  Basilikum

3 Zweige Zitronenmelisse

6 Schafgarbe-Blätter

½ Bio-Zitrone

1,5l stilles Mineralwasser

einige Eiswürfel

ZUBEREITUNG

Vorab alle Blätter, Blüten und Zweige unter kaltem Wasser gründlich, aber vorsichtig abspülen und bis zur Verwendung in ein kleines Glas mit Wasser stellen.

Die Zitrone ebenfalls waschen und in Scheiben schneiden. Diese anschließend mit den Malvenblüten und dem Mineralwasser über Nacht in eine Karaffe geben und abgedeckt im Kühlschrank ziehen lassen.

Am nächsten Tag die restlichen Zutaten in die Karaffe mit dem Mineralwasser füllen, umrühren, noch einmal etwas ziehen lassen und anschließend genießen.

Nach Belieben mit einigen Eiswürfeln vor dem Servieren auffüllen.

Für 4 Personen | ca. 30 Minuten

ARTISCHOCKE „ALLA GIUDIA"

mit Kapern-Zitronen-Creme

ZUTATEN

4 EL Kapern

Saft von 4 Zitronen

200 g Ricotta

150 g griechischer Joghurt

1 Knoblauchzehe

Salz, Pfeffer

4 große Artischocken

1,5 l Rapsöl

ZUBEREITUNG

Für die Kapern-Zitronencreme die Kapern grob hacken. Mit dem Saft von 2 Zitronen, Ricotta und Joghurt in einer Schüssel gründlich vermengen. Den Knoblauch schälen, fein hacken und mit Salz und Pfeffer unter die Creme heben.

Die Artischocken waschen, den Stiel kürzen und die holzigen äußeren Blätter entfernen. Die Artischocke sofort in eine Schüssel mit kaltem Wasser und dem restlichen Zitronensaft tauchen und die restlichen Artischocken ebenso vorbereiten. Die Artischockenköpfe anschließend leicht auf ein Küchenbrett drücken, sodass sich die Blätter nach außen öffnen, aber nicht abbrechen.

In einem Topf das Rapsöl auf 140 °C erhitzen, die Artischocken innen salzen und pfeffern und im Öl von beiden Seiten ca. 10 Minuten braten, bis der Stiel „al dente" ist. Die Artischocken aus dem Öl heben, kopfüber auf einem Küchenpapier abtropfen lassen und den Artischockenboden jeweils mit einer Gabel einstechen.

Das Öl im Topf nun auf 160 °C erhitzen und die Artischocken noch einmal etwa 1–2 Minuten goldbraun und knusprig frittieren. Mit einer Schöpfkelle aus dem Topf heben, kurz unter kaltem Wasser abspülen und mit der Kapern-Zitronencreme servieren.

GEGRILLTE APRIKOSEN

mit Schinken und Melone

ZUTATEN

4 große Tomaten

12 Aprikosen

1 kleine Melone
(z.B. Cantaloupe)

1 EL Olivenöl

Salz, Pfeffer

1 TL weißer Balsamessig

etwas Rapsöl

12 Scheiben Südtiroler
Schinken

2 Zweige Minze

ZUBEREITUNG

Die Tomaten und Aprikosen waschen. Die Melone vierteln, die Kerne mit einem Löffel entfernen und das Fruchtfleisch von der Schale schneiden. Zusammen mit den Tomaten in kleine Würfel schneiden und in einer Schüssel vermengen. Mit Olivenöl, Salz, Pfeffer und Essig würzen.

Die Aprikosen halbieren und entkernen. Eine Grillpfanne mit etwas Rapsöl erhitzen und die Aprikosen auf der Schnittfläche anrösten. Den Schinken fein schneiden. Die Minze waschen, trocken schütteln und klein zupfen. Die Aprikosen mit dem Salat, Schinken und Minzblättern garnieren.

PANIERTER BLUMENKOHL

mit Sesamdip

ZUTATEN

- 4 EL Tahin
- 200 g Feta
- 200 g Joghurt
- 1 Zitrone
- 1 EL Schwarzkümmel
- einige Zweige Koriander (nach Belieben)
- 2 kleine Blumenkohl
- Salz
- 4 EL Dinkelmehl
- 2 Eier (Größe M)
- 80 g Semmelbrösel
- 60 g Parmesan
- ½ TL Chiliflocken
- 1 TL gemahlener Kreuzkümmel
- Pfeffer
- 1 l Rapsöl zum Frittieren

ZUBEREITUNG

Für den Dip das Tahin mit grob zerteiltem Feta und Joghurt in einen Messbecher füllen. Die Zitrone halbieren, den Saft auspressen und zu den anderen Zutaten geben. Alles fein pürieren und je nach Konsistenz mit etwas Wasser verdünnen. Den Schwarzkümmel unterheben und nach Belieben mit etwas frischem, gewaschenem Koriander abrunden.

Den Blumenkohl waschen, putzen und in große Röschen teilen. Einen großen Topf mit Salzwasser zum Kochen bringen, die Blumenkohlröschen für ca. 5 Minuten garen und anschließend unter kaltem Wasser abschrecken. Drei tiefe Teller für die Panade vorbereiten. In dem ersten Teller das Mehl verteilen, im zweiten Teller beide Eier mit einer Gabel aufschlagen und im dritten Teller die Semmelbrösel, mit fein geriebenem Parmesan, Chiliflocken, Kreuzkümmel und etwas Salz und Pfeffer gründlich vermischen.

Anschließend das Rapsöl in einem Topf erhitzen. Die Blumenkohlröschen zuerst im Mehl, anschließend im Ei, zum Schluss in den Semmelbröseln wenden und im Rapsöl goldbraun frittieren. Mit einer Schaumkelle herausheben, auf etwas Küchenpapier abtropfen lassen. Zusammen mit dem Sesamdip servieren.

LAUWARMER DINKELSALAT

mit Zitronen-Artischocken und wildem Brokkoli

ZUTATEN

300 g Dinkelkörner

2 Bio-Zitronen

4 kleine Artischocken

Salz

400 g wilder Brokkoli

2 Frühlingszwiebeln

1 Bund glatte Petersilie

1 Bund Dill

2 Knoblauchzehen

1 EL Senf

150 g griechischer Joghurt

2 TL Ras el Hanout

Pfeffer

ZUBEREITUNG

Den Dinkel nach Packungsanleitung garen und die Zitronen gründlich waschen. Die Schale von 1 Zitrone fein abreiben und den Saft von beiden Zitronen auspressen.

In einer große Schüssel kaltes Wasser und die Hälfte des Zitronensafts vermischen. Das obere Drittel der Artischockenköpfe abschneiden und die harten äußeren Blätter abbrechen, bis die hellen grünen zum Vorschein kommen. Mithilfe eines kleinen Löffels das „Heu" aus dem Inneren der Artischocke herauskratzen und entfernen. Den Stiel kürzen und die Artischocken längs halbieren. Sofort in das Zitronenwasser legen und beschweren, sodass sie unter Wasser sind. Mit den restlichen Artischocken ebenso verfahren und anschließend in einem Topf mit Salzwasser und dem restlichen Zitronensaft ca. 30 Minuten garen.

Währenddessen den Brokkoli waschen, putzen und in Salzwasser für ca. 3 Minuten bissfest garen. Anschließend unter kaltem Wasser abschrecken und abtropfen lassen.

Frühlingszwiebeln, Petersilie und Dill waschen, trocken schütteln, putzen und fein hacken. Knoblauch schälen und fein hacken. Zusammen mit Zitronenschale, Senf, Joghurt, den Kräutern und den Frühlingszwiebeln verrühren. 2–3 EL Wasser unterrühren und mit Ras el Hanout und Pfeffer abschmecken.

Den Dinkel mit dem Brokkoli und dem Dressing vermischen und mit den Artischocken servieren.

ANTIPASTI-ARTISCHOCKEN

mit gegrilltem Brot und Burrata

ZUTATEN

8 kleine Artischocken

Saft von 1 Bio-Zitrone

10 EL Olivenöl

2 Knoblauchzehen

2 Zweige Rosmarin

100 ml Weißwein

Salz, Pfeffer

¼ Bund Petersilie

4 Scheiben Brot

2 Burrata

1 EL Aceto balsamico

ZUBEREITUNG

Zunächst die Artischocken waschen, die oberen Spitzen der Artischocken-köpfe abschneiden und die harten äußeren Blätter am Ansatz abbrechen, bis die hellen Blätter zum Vorschein kommen. Die Stiele der Artischocken schälen und eine große Schüssel mit kaltem Wasser und dem Zitronensaft vermischen.

Die Artischocken der Länge nach halbieren und mit Hilfe eines kleinen Löffels das „Heu" aus dem Inneren der Artischocke herauskratzen und entfernen. Die Artischocken sofort in das Zitronenwasser tauchen.

In einer großen Pfanne 5 EL Olivenöl bei mittlerer Hitze erwärmen, die Knoblauchzehen schälen und andrücken, den Rosmarin waschen und trocken schütteln. Beides kurz anschwitzen, den Rosmarin wieder aus der Pfanne nehmen und die abgetropften Artischockenhälften ca. 5 Minuten braten.

Mit Weißwein ablöschen, mit Salz und Pfeffer würzen und noch einmal ca. 30 Minuten abgedeckt garen. Die Petersilie waschen, trocken schütteln und fein hacken.

Anschließend in eine Schüssel geben, mit dem restlichen Olivenöl über-gießen und die Petersilie untermischen.

Die Brotscheiben in einer Grillpfanne anrösten, zusammen mit den Arti-schocken und je ½ Burrata servieren. Mit Balsamico beträufeln.

SPÄT

SOMMER

Rote Bete | Gelbe Bete | Apfel | Birne | Meerrettich | Brokkoli

MEERRETTICHCREME

mit geräucherter Forelle auf frischem Roggenbrot

ZUTATEN

100 g Meerrettich

100 ml Sahne

Saft von ½ Orange

½ TL Rohrohrzucker

Salz

400 g frische Pfifferlinge

2 EL Butter

4 Zweige Zitronenthymian

Pfeffer

100 g Baby-Mangold-Salat

8 Scheiben frisches
    Roggenbrot

8 geräucherte Forellen-
    filets

ZUBEREITUNG

Den Meerrettich schälen und sehr fein raspeln oder in einem Küchenmixer fein pürieren. Die Sahne leicht aufschlagen, sodass sie noch keinen festen Stand hat und mit dem Orangensaft, Zucker und ½ TL Salz unter den Meerrettich heben. Bis zum Verzehr im Kühlschrank abgedeckt aufbewahren.

Die Pfifferlinge mit einem Pinsel gründlich putzen, gegebenenfalls halbieren und mit der Butter und dem gewaschenen Zitronenthymian in der Pfanne schwenken und anbraten. Salzen und pfeffern.

Zum Schluss die Mangold-Salatblätter gründlich waschen und abtropfen lassen. Die Roggenbrotscheiben mit etwas Meerrettichcreme bestreichen, mit Mangold und Pfifferlingen belegen und mit je einem geräucherten Forellenfilet abschließen.

MATJESSALAT
mit Roter Bete und Apfel

ZUTATEN

4 Rote Bete

Salz

2 Frühlingszwiebeln

1 Apfel

3 Zweige Dill

6 Cornichons (Glas), plus
   5 EL Gurkenwasser

150 g Crème fraîche

150 g Schmand

feiner Abrieb von
   ½ Bio-Orange

3 EL Olivenöl

2 EL Weißweinessig

Pfeffer

8 Matjesfilets

4 Scheiben frisches Brot

ZUBEREITUNG

Vorab die rote Bete schälen, in Würfel schneiden und in einem kleinen Topf mit kochendem Salzwasser für etwa 20–25 Minuten garkochen. Abgießen und unter kaltem Wasser abschrecken.

Die Frühlingszwiebeln, den Apfel und Dill waschen und trocknen. Die Frühlingszwiebeln putzen, in feine Ringe schneiden. Den Apfel halbieren, entkernen und mit den Cornichons klein würfeln. Den Dill klein hacken.

Apfel, Cornichons und Rote Bete in einer Schüssel vermischen. Gurkenwasser mit der Crème fraîche, dem Schmand, Orangenabrieb, Olivenöl und Weißweinessig unter die Gemüsewürfel mischen und mit Salz und Pfeffer abschmecken.

Die Matjesfilets in mundgerechte Stücke schneiden, mit Dill und den Frühlingszwiebeln unter den Salat heben und mit frischem Brot servieren.

SPITZKOHLSALAT

mit Birnen, Walnüssen und Gorgonzola

ZUTATEN

2 kleine Spitzkohl

Salz, Pfeffer

2 EL Weißweinessig

4 reife Birnen

75 g Walnusskerne

2 ½ EL fruchtiges Olivenöl

1 EL süßer Senf

1 EL Schwarzkümmel

½ Bund Koriander

200 g Gorgonzola

ZUBEREITUNG

Den Spitzkohl gründlich waschen, längs halbieren und den Strunk heraus-schneiden. Den restlichen Kohl in feine Streifen schneiden, in einer Schüssel mit Salz, Pfeffer und Essig vermengen und mit den Händen leicht kneten.

Anschließend die Birnen waschen, vierteln, entkernen und in schmale Spalten schneiden. Die Walnüsse in einer kleinen Pfanne ohne Fett an-rösten, grob zerbrechen und mit den Birnen zum Spitzkohlsalat geben.

Das Olivenöl mit dem Senf verrühren, mit dem Schwarzkümmel unter den Salat mischen. Den Koriander waschen, trocken schütteln und die Blätter abzupfen. Zusammen mit dem Gorgonzola auf dem Salat verteilen und servieren.

 Dazu passen gebratene Garnelen.

LACHSFILET

mit griechischem Hülsenfrüchtesalat

ZUTATEN

800 g Lachsfilet
(ohne Haut)

Saft von 1 Limette

2 rote Paprika

200 g bunte Hülsenfrüchte (z.B. Linsen,
Bohnen)

Salz

200 g Kirschtomaten

¼ Bund Dill

½ Bund Petersilie

¼ Bund Minze

2 Frühlingszwiebeln

200 g Feta

2 EL fruchtiges Olivenöl

Saft von ½ Zitrone

Pfeffer

1 TL Rapsöl

ZUBEREITUNG

Den Backofen auf 200 °C (Ober-/Unterhitze) vorheizen. Das Lachsfilet in vier gleich große Filets schneiden und in einer Schüssel mit dem Limettensaft beträufeln. Abgedeckt etwas ziehen lassen.

Die Paprika waschen, halbieren und entkernen. Mit der Schnittfläche nach unten auf ein mit Backpapier belegtes Backblech legen und im Ofen ca. 20–30 Minuten rösten, bis die Haut dunkel wird. Aus dem Ofen nehmen und die Paprikahälften abgedeckt unter einem Küchentuch auskühlen lassen.

In der Zwischenzeit die Hülsenfrüchte nach Packungsanleitung in Salzwasser bissfest garen und anschließend unter kaltem Wasser abschrecken. Die Tomaten waschen und vierteln. Die Kräuter gründlich waschen, trocken schütteln und klein hacken. Die Frühlingszwiebeln ebenfalls putzen und in feine Ringe schneiden. Kräuter mit Hülsenfrüchten, Tomaten und Frühlingszwiebeln in einer Schüssel vermengen.

Die Haut der Paprikahälften abziehen, das Fruchtfleisch und den Feta klein würfeln und mit dem Olivenöl, Zitronensaft, Salz und Pfeffer unter den Salat mischen.

In einer Grillpfanne das Rapsöl erhitzen, die Lachsfilets von beiden Seiten anbraten, mit Salz und Pfeffer würzen und mit dem Salat servieren.

KAFFEE IM GARTEN

BIRNEN-„SPRIZZ" MIT
ZITRONENTHYMIAN-SIRUP

ZITRONENTARTE
MIT FRISCHEM OBST

ZWETSCHGENKUCHEN
VOM BLECH

BIRNEN-BLÄTTERTEIG-
TASCHEN

ZWETSCHGENKUCHEN

vom Blech

ZUTATEN

180 ml lauwarme Milch

½ Würfel Hefe (21 g)

130 g Rohrohrzucker

580 g Mehl (Type 550)

1 Ei

Salz

170 g weiche Butter

1 kg Zwetschgen

1 Pck. Vanillezucker

ZUBEREITUNG

Für den Boden die Milch in eine Schüssel geben und die Hefe hineinbröseln. 1 Prise Zucker hinzufügen und alles verrühren, bis sich die Hefe aufgelöst hat. Abgedeckt ca. 15 Minuten ruhen lassen und in der Zwischenzeit 400 g Mehl mit dem Ei, 1 Prise Salz, 50 g Zucker und 80 g Butter in eine Rührschüssel geben. Zum Schluss die Hefemilch zufügen und den Teig in einer Küchenmaschine mit einem Knethaken ca. 8–10 Minuten kneten, bis ein homogener Teig entstanden ist. Mit einem Küchentuch abgedeckt an einem warmen Ort ca. 90 Minuten gehen lassen.

Währenddessen die Zwetschgen waschen, vierteln und entsteinen. Für die Streusel den Vanillezucker mit der restlichen Butter, dem restlichen Zucker und Mehl zügig verkneten. Den Backofen auf 180 °C (Ober-/Unterhitze) vorheizen.

Den Hefeteig rechteckig ausrollen, sodass er auf ein kleines mit Backpapier ausgelegtes Backblech passt. Noch einmal abgedeckt ca. 20 Minuten gehen lassen und anschließend die Zwetschgenviertel darauf verteilen. Den Streuselteig klein zupfen, über die Zwetschgen streuen und im Backofen für ca. 40 Minuten backen.

BIRNEN-BLÄTTERTEIG-

Taschen

1 Birne

1 EL Orangenlikör

½ Pck. Vanillezucker

2 EL Rosinen

1 Prise gemahlener Zimt

1 Dinkel-Blätterteig
 (Fertigprodukt)

1 Ei (Größe M)

20 g Pinienkerne

etwas Puderzucker

Die Birne schälen, vierteln, entkernen und in kleine Würfel schneiden. Diese in einer Schüssel mit dem Orangenlikör, dem Vanillezucker, den Rosinen und dem Zimt vermengen.

Den Backofen auf 180 °C (Ober-/Unterhitze) vorheizen. Anschließend den Blätterteig ausrollen, in 6 Rechtecke teilen und das Ei mit einer Gabel leicht aufschlagen. Den Rand der Teilstücke mit etwas Ei einstreichen, die Birnenfüllung jeweils in der Mitte verteilen und von der kurzen Seite her zusammenklappen.

Die Teigtaschen auf ein mit Backpapier belegtes Backblech legen, diagonal leicht einschneiden, mit dem restlichen Ei bepinseln und mit den Pinienkernen bestreuen. Etwa 20 Minuten backen und nach dem Auskühlen mit etwas Puderzucker bestäubt servieren.

BIRNEN-„SPRIZZ"

mit Zitronenthymian-Sirup

ZUTATEN

FÜR DEN SIRUP

6-8 Zweige
   Zitronenthymian

100 g Rohrohrzucker

Saft von ½ Zitrone

FÜR DEN COCKTAIL

1 Birne

200 ml Birnensaft

Eiswürfel

400 ml trockener Sekt

AUSSERDEM

Glasflasche (ca. 400 ml
   Fassungsvermögen)

ZUBEREITUNG

Für den Sirup den Thymian waschen, die Blätter abzupfen und fein hacken. Den Zucker mit 300 ml Wasser in einem kleinen Topf aufkochen lassen, bis der Zucker sich aufgelöst hat. Anschließend die Thymianblättchen mit dem Zitronensaft untermengen und in einer Karaffe abgedeckt im Kühlschrank 1 Tag ziehen lassen.

Den Sirup durch ein Mulltuch abgießen und noch einmal erwärmen. Dabei aber nicht kochen und anschließend in eine verschließbare Glasflasche zum Aufbewahren gießen.

Für den Cocktail die Birne waschen und in feine Scheiben schneiden. Den Birnensaft auf 4 Gläser verteilen, je 1 TL Zitronenthymian-Sirup dazugeben und mit je 3–4 Eiswürfeln auffüllen. Den Sekt darüber gießen, umrühren, mit den Birnenscheiben dekorieren und servieren.

ZITRONENTARTE

mit frischem Obst

ZUTATEN

- 125 g Butter, plus etwas mehr für die Form
- 215 g Mehl, plus etwas mehr für die Form
- 1 Eigelb
- Abrieb von 1 Bio-Zitrone
- 1 Pck. Vanillezucker
- 150 g Rohrohrzucker
- 1 Vanilleschote
- 325 ml Milch
- 2 Eier (Größe M)
- 15 g Stärke
- 80 ml Zitronensaft
- frisches Obst zur Dekoration

AUSSERDEM

Tarteform

ZUBEREITUNG

Für den Teig die Butter kleinwürfeln. Mit 200 g Mehl krümelig verkneten. Das Eigelb, die Hälfte des Zitronenabriebs, Vanillezucker und 70 g Zucker hineingeben und alles zu einem glatten Teig verkneten. 30 Minuten in Frischhaltefolie eingewickelt im Kühlschrank kühlen.

Den Backofen auf 180 °C (Ober-/Unterhitze) vorheizen. Den Teig zwischen zwei Lagen Frischhaltefolie rund ausrollen, die Tarteform einfetten und bemehlen. Den Teig in die Form drücken, sodass ein Rand entsteht. Den Boden mit einer Gabel einstechen und für ca. 15 Minuten vorbacken. Anschließend leicht auskühlen lassen, den Backofen auf 120 °C herunterschalten und die Füllung zubereiten.

Dafür die Vanilleschote längs halbieren, das Mark herauskratzen und mit der Schote in einen Topf geben. Die Milch mit dem restlichen Zitronenabrieb hinzufügen, unter Rühren leicht erhitzen (nicht kochen!) und ziehen lassen. Die Eier mit dem restlichen Zucker cremig schlagen, das restliche Mehl und die Stärke unterheben und etwas warme Milch unterrühren. Die Vanilleschote aus der Milch entfernen, die Eimasse zur Milch in den Topf gießen, Zitronensaft hinzufügen und unter ständigem Rühren bei niedriger Hitze in 5–10 Minuten fest werden lassen.

Zitronencreme auf dem vorgebackenen Boden verteilen und für etwa 40 Minuten im Ofen backen. Etwas auskühlen lassen, mit Obst nach Wahl dekorieren und servieren.

APRIKOSEN-TARTE-TATIN

mit Kardamom

130 g kalte Butter

180 g Mehl

Salz

120 g Zucker

10 Aprikosen

4 Kardamomkapseln

AUSSERDEM

Tarteform (ø 20 cm)

80 g Butter klein würfeln. Mit Mehl, 1 Prise Salz, 20 g Zucker und 2–3 EL Wasser zügig zu einem Mürbeteig verkneten. Zu einer Kugel formen und in den Kühlschrank stellen.

Währenddessen den Backofen auf 180 °C (Ober-/Unterhitze) vorheizen und die Aprikosen waschen, vierteln und entsteinen. Die Kardamomsamen aus den Kapseln lösen und fein mit dem Mörser zerstampfen. Den restlichen Zucker in eine Pfanne geben, bei mittlerer Hitze sanft schmelzen lassen ohne zu rühren, bis er eine karamellige Farbe bekommt. Die Hitze reduzieren und die restliche Butter mit dem zerstoßenen Kardamom zufügen und verrühren.

Das Karamell in die Tarteform gießen und gleichmäßig verteilen. Die Aprikosen nebeneinander darauflegen und den Teig zwischen zwei Lagen Frischhaltefolie kreisrund ausrollen. Die Aprikosen damit abdecken, den überstehenden Rand abschneiden und die Teigränder leicht in die Form drücken. Mit einer Gabel einstechen und etwa 25–30 Minuten backen, bis der Teig goldbraun ist. Die Tarte Tatin aus dem Ofen nehmen, etwas auskühlen lassen und anschließend stürzen.

APFELPÜREE

mit selbst gemachtem Vanilleeis

ZUTATEN

2 Bourbon-Vanilleschoten

100 g Rohrohrzucker

Salz

4 Eigelb (Größe M)

300 ml Milch

150 ml Sahne

1 kg Äpfel (z.B. Boskoop
  oder Elstar)

½ EL Ahornsirup

Saft von 1 Zitrone

etwas gemahlener Zimt

ZUBEREITUNG

Die Vanilleschoten längs halbieren und mit Hilfe eines kleinen Löffels das Mark von 1 ½ Schoten herauskratzen. Zucker mit 1 Prise Salz mischen und zusammen mit den Eigelben in einer Schüssel schaumig schlagen, bis die Masse hellgelb geworden ist.

Milch und Sahne in einem Topf unter Rühren nur leicht erhitzen, den Eischaum unterheben, Vanillemark und die Schoten hinzufügen und unter weiterem Rühren erhitzen, bis die Masse leicht andickt. Bitte nicht zum Kochen bringen, da das Eigelb sonst stocken würde.

Den Topf vom Herd nehmen, die Vanilleschoten entfernen, die Masse abkühlen lassen und die Eismasse entweder in einer Eismaschine oder im Gefrierfach fest werden lassen.

Für das Apfelpüree die Äpfel waschen, schälen, entkernen und in Stücke schneiden. Das Mark aus der noch übrig gebliebenen Vanilleschote kratzen und mit den Äpfeln und dem Ahornsirup in einen Topf geben. Den Zitronensaft und Zimt hinzufügen und alles abgedeckt bei kleiner Hitze ca. 20 Minuten einkochen lassen. Ab und zu umrühren und anschließend pürieren. Wem die Konsistenz zu dick sein sollte, kann mit etwas Wasser verdünnen und anschließend noch einmal kurz aufkochen.

Zur Aufbewahrung direkt in ausgekochte Gläser abfüllen und verschließen oder etwas abkühlen lassen und zusammen mit dem Vanilleeis servieren.

GERÖSTETE PASTINAKEN

mit Salsa Verde

ZUTATEN

- 800 g Pastinaken
- Salz
- 2 EL Honig
- 2 EL Sojasauce
- 2 EL Sesamöl
- 2 EL Sesam
- Pfeffer
- ½ Bund Petersilie
- ½ Bund Basilikum
- 2 Sardellenfilets
- 2 Knoblauchzehen
- 1 EL Kapern
- 1 EL Weißweinessig
- 5 EL Olivenöl
- Saft von ½ Zitrone
- 3 EL Semmelbrösel

ZUBEREITUNG

Den Ofen auf 180 °C (Ober-/Unterhitze) vorheizen. Die Pastinaken mit einer Gemüsebürste abbürsten und längs halbieren. In einem Topf mit Salzwasser für etwa 5 Minuten garen, anschließend unter kaltem Wasser abschrecken und gut abtropfen lassen. Anschließend auf einem mit Backpapier ausgelegtem Backblech verteilen.

In einer kleinen Schale Honig, Sojasauce, Sesamöl mit Sesam, etwas Salz und Pfeffer verrühren und über die verteilten Pastinaken träufeln. Im heißen Backofen etwa 40 Minuten backen, bis die Pastinaken goldbraun sind.

Währenddessen Petersilie und Basilikum waschen, trocken schütteln und die Blätter abzupfen. Mit den Sardellenfilets in ein höheres Gefäß füllen. Knoblauch schälen, mit den Kapern, dem Essig, Olivenöl, Zitronensaft und den Semmelbröseln vermischen und alles fein pürieren.

Die Salsa Verde mit den gerösteten Pastinaken anrichten und nach Belieben mit etwas Salz und Pfeffer nachwürzen.

TORTELLINI

mit Brokkoli-Pesto

ZUTATEN

1 Brokkoli

Salz

60 g Pinienkerne

80 g Parmesan

3 EL Olivenöl

Abrieb von 1 Bio-Zitrone

400 g Tortellini

Pfeffer

ZUBEREITUNG

Den Brokkoli waschen und in Röschen teilen, den Stiel schälen und in kleine Würfel schneiden. Röschen und Würfel in kochendem Salzwasser 2–3 Minuten garen und direkt unter kaltem Wasser abschrecken.

Brokkoli gründlich abtropfen lassen. In der Zwischenzeit die Pinienkerne in einer kleinen Pfanne ohne Öl goldbraun rösten. Den Parmesan grob reiben und die Hälfte der Pinienkerne, Brokkoli, Parmesan, Olivenöl und Zitronenabrieb in einen Standmixer geben und grob pürieren.

In einem Topf die Tortellini nach Packungsanleitung bissfest garen und beim Abgießen des Kochwassers etwas davon auffangen. Die Tortellini zurück in den Topf geben, das Brokkolipesto unterrühren und mit etwas Nudel-Kochwasser cremig rühren. Nur kurz erwärmen, mit Salz und Pfeffer abschmecken und mit den restlichen Pinienkernen anrichten.

LACHS-KAPERN-TATAR

mit Apfel-Meerrettich-Salat

30 g frischer Meerrettich

¼ Bund Dill

2 Äpfel

Saft von ½ Zitrone

2 EL saure Sahne

Salz, Pfeffer

1 Prise Zucker

1 rote Zwiebel

300 g geräuchertes
    Lachsfilet

2 EL Kapern

1 TL rosa Pfefferbeeren

Für den Salat den Meerrettich schälen und fein raspeln. Den Dill waschen, trocken schütteln und fein hacken. Die Äpfel ebenfalls waschen, vierteln, entkernen und in feine Scheiben schneiden. Diese sofort mit dem Zitronensaft, Meerrettich, Dill und der sauren Sahne in einer Schüssel vermischen. Mit Salz, Pfeffer und Zucker würzen.

Die Zwiebel schälen und mit dem Lachsfilet in sehr kleine Würfel schneiden. Die Kapern abtropfen lassen, grob hacken und mit dem Lachs und den Zwiebeln vermengen.

Den Apfel-Meerrettich-Salat auf kleinen Tellern anrichten und das Lachstatar darauf platzieren. Mit Pfefferbeeren garnieren.

SAISONKALENDER

Alles zu seiner Zeit

	JANUAR	FEBRUAR	MÄRZ	APRIL	MAI	JUNI
ÄPFEL						
APRIKOSEN						
BIRNEN						
BLUMENKOHL					■	■
BOHNEN						■
BROKKOLI					■	■
BROMBEEREN						
ENDIVIENSALAT					■	■
ERBSEN						■
ERDBEEREN						■
FELDSALAT						■
FENCHEL						
FRÜHLINGSZWIEBELN				■		
GRÜNKOHL	■	■				
GURKEN					■	■
HEIDELBEEREN						
HIMBEEREN						
JOHANNISBEEREN						■
KAROTTEN						■
KARTOFFELN						■
KIRSCHEN						
KOPFSALAT					■	■
KÜRBIS						
LAUCH				■	■	■
MIRABELLEN						
PFIRSICHE						
PFLAUMEN						
RADICCHIO						■
RADIESCHEN					■	■
RHABARBER				■	■	■
ROMANASALAT						■
ROSENKOHL	■	■				
ROTE BETE						■
ROTKOHL						
RUCOLA					■	■
SPARGEL				■	■	■
SPINAT				■	■	■
SPITZKOHL						■
STACHELBEEREN						
TOMATEN						■
TRAUBEN						
WEISSKOHL						
WIRSING						
ZUCCHINI						
ZWIEBELN						

Dieser Saisonkalender soll beim saisonalen Lebensmitteleinkauf unterstützen. Abhängig davon in welcher Region Ihr wohnt, kann die Saison früher beginnen, länger anhalten und später zu Ende gehen.

JULI	AUGUST	SEPTEMBER	OKTOBER	NOVEMBER	DEZEMBER	
	█	█	█	█		ÄPFEL
█	█					APRIKOSEN
	█	█	█			BIRNEN
█	█	█	█	█		BLUMENKOHL
█	█	█	█			BOHNEN
█	█	█	█	█		BROKKOLI
	█	█				BROMBEEREN
█	█	█	█	█		ENDIVIENSALAT
█	█	█				ERBSEN
█	█	█	█			ERDBEEREN
█	█	█	█	█	█	FELDSALAT
█	█	█	█	█		FENCHEL
█	█	█	█	█		FRÜHLINGSZWIEBELN
				█	█	GRÜNKOHL
█	█	█	█			GURKEN
█	█	█				HEIDELBEEREN
█	█	█				HIMBEEREN
█	█	█				JOHANNISBEEREN
█	█	█	█	█	█	KAROTTEN
█	█	█	█	█		KARTOFFELN
█	█					KIRSCHEN
█	█	█	█	█		KOPFSALAT
		█	█	█		KÜRBIS
█	█	█	█	█		LAUCH
█	█	█				MIRABELLEN
█	█	█				PFIRSICHE
	█	█	█			PFLAUMEN
█	█	█	█	█		RADICCHIO
█	█	█	█			RADIESCHEN
█	█					RHABARBER
█	█	█	█	█		ROMANASALAT
				█	█	ROSENKOHL
█	█	█	█	█		ROTE BETE
█	█	█	█	█		ROTKOHL
█	█	█	█			RUCOLA
						SPARGEL
█	█	█	█	█		SPINAT
█	█	█	█	█		SPITZKOHL
█	█	█				STACHELBEEREN
█	█	█	█			TOMATEN
	█	█	█			TRAUBEN
█	█	█	█	█	█	WEISSKOHL
█	█	█	█	█		WIRSING
█	█	█	█			ZUCCHINI
█	█	█	█			ZWIEBELN

REGISTER

A

ÄPFEL
Apfelpüree mit selbst gemachtem Vanilleeis 142

Garden Fizz Cocktail 98

Gurken-Kimchi 66

Lachs-Kapern-Tatar mit Apfel-Meerrettich-Salat 150

Matjessalat mit Roter Bete und Apfel 122

APRIKOSEN
Aprikosen-Tarte-Tatin mit Kardamom 140

Gegrillte Aprikosen mit Schinken und Melone 110

ARTISCHOCKEN
Antipasti-Artischocken mit gegrilltem Brot und Burrata 116

Artischocke „alla Giudia" mit Kapern-Zitronen-Creme 108

Lauwarmer Dinkelsalat mit Zitronen-Artischocken und wildem Brokkoli 114

AUBERGINEN
Sizilianische Caponata mit Gemüse 12

B

BÄRLAUCH
Frühkartoffelsalat mit Bärlauchpesto, roten Zwiebeln und pochierten Eiern 32

BASILIKUM
Erdbeer-Panzanella mit geröstetem Hühnchen 62

Geröstete Pastinaken mit Salsa Verde 146

Grüner Spargelsalat mit Erdbeeren und Physalis-Dressing 40

„Herbal Infusion" mit blühendem Basilikum und Malvenblüten 106

Melonen-Gazpacho mit Gin und frittierten Garnelenbällchen 94

Saftiges Flanksteak mit Pfifferlingen und Wildkräutersalat 72

Spaghetti mit Erbsen-Knoblauch-Creme und Pecorino 52

Tomatentatar mit Rucola und geräuchertem Käse 44

Zitronen-Dorade vom Grill mit Basilikum-Zucchini 58

BEEREN
Beeren-Sirup mit Crèmant und Blüten 86

Beerentörtchen mit Nüssen 88

BIRNEN
Birnen-Blätterteig-Taschen 134

Birnen-„Sprizz" mit Zitronenthymian-Sirup 136

Spitzkohlsalat mit Birnen, Walnüssen und Gorgonzola 126

BLÄTTERTEIG
Birnen-Blätterteig-Taschen 134

BLAUBEEREN
Sommerbeeren-Eis am Stiel 84

BLUMENKOHL
Panierter Blumenkohl mit Sesamdip 112

BOHNEN
Fenchel-Pfirsich-Salat mit dicken Bohnen 70

Gegrillte Lammkoteletts auf grünem Bohnensalat mit Estragon-Senf-Dressing 16

BOHNENKRAUT
Gegrillte Lammkoteletts auf grünem Bohnensalat mit Estragon-Senf-Dressing 16

BROKKOLI
Lauwarmer Dinkelsalat mit Zitronen-Artischocken und wildem Brokkoli 114

Tortellini mit Brokkoli-Pesto 148

BROT
Antipasti-Artischocken mit gegrilltem Brot und Burrata 116

Erdbeer-Panzanella mit geröstetem Hühnchen 62

Fenchel-Pfirsich-Salat mit dicken Bohnen 70

„Gazpacho Clásico" mit Paprika, Gurke und Tomate 68

Matjessalat mit Roter Bete und Apfel 122

Meerrettichcreme mit geräucherter Forelle auf frischem Roggenbrot 120

Sizilianische Caponata mit Gemüse 12

Sommer-Bruschetta mit Cheddar und frischem Spinat 30

BURRATA
Antipasti-Artischocken mit gegrilltem Brot und Burrata 116

C

CORNICHONS
Matjessalat mit Roter Bete und Apfel 122

CRANBERRYS
Zitronen-Semifreddo mit Zitronenstückchen 82

CRÈMANT
Beeren-Sirup mit Crèmant und Blüten 86

D

DILL
Erbsen-Püree mit geräuchertem Bückling 18

Lachsfilet mit griechischem Hülsenfrüchtesalat 128

Lachs-Kapern-Tatar mit Apfel-Meerrettich-Salat 150

Lauwarmer Dinkelsalat mit Zitronen-Artischocken und wildem Brokkoli 114

Matjessalat mit Roter Bete und Apfel 122

Sesam-Radieschen im Ofen gebacken 36

Sommer-Bruschetta mit Cheddar und frischem Spinat 30

DINKEL
Lauwarmer Dinkelsalat mit Zitronen-Artischocken und wildem Brokkoli 114

E

ERBSEN
Erbsen-Püree mit geräuchertem Bückling 18

Spaghetti mit Erbsen-Knoblauch-Creme und Pecorino 52

ERDBEEREN
Erdbeer-Kokos-Eis 78

Erdbeer-Panzanella mit geröstetem Hühnchen 62

Grüner Spargelsalat mit Erdbeeren und Physalis-Dressing 40

ERDNUSSBUTTER
Sommerrollen mit Melone und Erdnussdip 96

ESTRAGON
Gegrillte Lammkoteletts auf grünem Bohnensalat mit Estragon-Senf-Dressing 16

F

FENCHEL
Fenchel-Pfirsich-Salat mit dicken Bohnen 70

FENCHELGRÜN
Ceviche vom Wolfsbarsch mit Fenchelgrün und gelben Tomaten 48

Quiche mit Wurzelgemüse 24

Wildkräutersalat mit Cabrissac und Honig-Nüssen 46

FETA
Gegrillte Lammkoteletts auf grünem Bohnensalat mit Estragon-Senf-Dressing 16

Lachsfilet mit griechischem Hülsenfrüchtesalat 128

Panierter Blumenkohl mit Sesamdip 112

FISCH
Ceviche vom Wolfsbarsch mit Fenchelgrün und gelben Tomaten 48

Erbsen-Püree mit geräuchertem Bückling 18

Geröstete Pastinaken mit Salsa Verde 146

Lachsfilet mit griechischem Hülsenfrüchtesalat 128

Lachs-Kapern-Tatar mit Apfel-Meerrettich-Salat 150

Matjessalat mit Roter Bete und Apfel 122

Meerrettichcreme mit geräucherter Forelle auf frischem Roggenbrot 120

Zitronen-Dorade vom Grill mit Basilikum-Zucchini 58

FRÜHLINGSZWIEBELN

Gurken-Kimchi 66

Lachsfilet mit griechischem Hülsenfrüchtesalat 128

Lauwarmer Dinkelsalat mit Zitronen-Artischocken und wildem Brokkoli 114

Matjessalat mit Roter Bete und Apfel 122

Melonen-Gazpacho mit Gin und frittierten Garnelenbällchen 94

G

GARNELEN

Garnelenspieße mit geschmortem Mangold und Kürbiskern-Mayonnaise 54

Melonen-Gazpacho mit Gin und frittierten Garnelenbällchen 94

GIN

Garden Fizz Cocktail 98

Melonen-Gazpacho mit Gin und frittierten Garnelenbällchen 94

Rhubard Gin Cocktail 28

GLASNUDELN

Sommerrollen mit Melone und Erdnussdip 96

GURKEN 62

Garden Fizz Cocktail 98

„Gazpacho Clásico" mit Paprika, Gurke und Tomate 68

Gurken-Kimchi 66

H

HAFERFLOCKEN

Beerentörtchen mit Nüssen 88

HÄHNCHEN

Erdbeer-Panzanella mit geröstetem Hühnchen 62

HASELNUSSKERNE

Wildkräutersalat mit Cabrissac und Honig-Nüssen 46

HEFE

Focaccia mit eingelegter bunter Bete 26

Zwetschgenkuchen vom Blech 132

HIMBEEREN

Saftiges Flanksteak mit Pfifferlingen und Wildkräutersalat 72

Sommerbeeren-Eis am Stiel 84

Zitronenverbene-Eistee mit Himbeeren 60

HOLUNDERBLÜTENSIRUP

Garden Fizz Cocktail 98

Sommerbeeren-Eis am Stiel 84

HONIG

Bratwürstchen mit Radieschensalat und Miso-Orangen-Marinade 25

Geröstete Pastinaken mit Salsa Verde 146

Kohlrabischnitzel mit Szechuan-Zuckerschoten 38

Sommerbeeren-Eis am Stiel 84

Wildkräutersalat mit Cabrissac und Honig-Nüssen 46

HÜLSENFRÜCHTE

Lachsfilet mit griechischem Hülsenfrüchtesalat 128

I

INGWER

Ceviche vom Wolfsbarsch mit Fenchelgrün und gelben Tomaten 48

Focaccia mit eingelegter bunter Bete 26

„Gazpacho Clásico" mit Paprika, Gurke und Tomate 68

Gurken-Kimchi 66

Kohlrabischnitzel mit Szechuan-Zuckerschoten 38

Melonen-Gazpachi mit Gin und frittierten Garnelenbällchen 94

Panna cotta mit Ingwer-Kirschen 76

Sommerrollen mit Melone und Erdnussdip 96

J

JOGHURT

Artischocke „alla Giudia" mit Kapern-Zitronen-Creme 108

Lauwarmer Dinkelsalat mit Zitronen-Artischocken und wildem Brokkoli 114

Panierter Blumenkohl mit Sesamdip 112

Sommerbeeren-Eis am Stiel 84

Spitzkohlnester mit Falafelbratlingen und Sesam-Joghurt 64

JOHANNISBEEREN

„Infused Water" – Schafgarbe mit Johannisbeere 100

K

KAPERN

Artischocke „alla Giudia" mit Kapern-Zitronen-Creme 108

Geröstete Pastinaken mit Salsa Verde 146

Lachs-Kapern-Tatar mit Apfel-Meerrettich-Salat 150

Sizilianische Caponata mit Gemüse 12

KARTOFFELN

Erbsen-Püree mit geräuchertem Bückling 18

Focaccia mit eingelegter bunter Bete 26

Frühkartoffelsalat mit Bärlauchpesto, roten Zwiebeln und pochierten Eiern 32

Sesam-Radieschen im Ofen gebacken 36

Weißer Spargel mit Radieschen-Senf-Vinaigrette 20

Wildkräutersalat mit Cabrissac und Honig-Nüssen 46

KÄSE

Artischocke „alla Giudia" mit Kapern-Zitronen-Creme 108

Grüner Spargelsalat mit Erdbeeren und Physalis-Dressing 40

Sommer-Bruschetta mit Cheddar und frischem Spinat 30

Spaghetti mit Erbsen-Knoblauch-Creme und Pecorino 52

Spitzkohlsalat mit Birnen, Walnüssen und Gorgonzola 126

Tomatentatar mit Rucola und geräuchertem Käse 44

Wildkräutersalat mit Cabrissac und Honig-Nüssen 46

KERBEL

Weißer Spargel mit Radieschen-Senf-Vinaigrette 20

Zitronensuppe mit geröstetem Spargel 10

KICHERERBSEN

Gegrillte Lammkoteletts auf grünem Bohnensalat mit Estragon-Senf-Dressing 16

Spitzkohlnester mit Falafelbratlingen und Sesam-Joghurt 64

Zucchinisuppe mit Minze und Koriander 74

KIRSCHEN

Kirsch-Granita mit Vanille 104

Panna cotta mit Ingwer-Kirschen 76

KOHLRABI

Kohlrabischnitzel mit Szechuan-Zuckerschoten 38

KOKOSCHIPS

Erdbeer-Kokos-Eis 78

KOKOSCREME

Erdbeer-Kokos-Eis 78

KORIANDER

Ceviche vom Wolfsbarsch mit Fenchelgrün und gelben Tomaten 48

Melonen-Gazpacho mit Gin und frittierten Garnelenbällchen 94

Sommerrollen mit Melone und Erdnussdip 96

Spitzkohlnester mit Falafelbratlingen und Sesam-Joghurt 64

Spitzkohlsalat mit Birnen, Walnüssen und Gorgonzola 126

Zucchinisuppe mit Minze und Koriander 74

KÜRBISKERNE

Bratwürstchen mit Radieschensalat und Miso-Orangen-Marinade 25

Fenchel-Pfirsich-Salat mit dicken Bohnen 70

Garnelenspieße mit geschmortem Mangold und Kürbiskern-Mayonnaise 54

L

LAMMFLEISCH

Gegrillte Lammkoteletts auf grünem Bohnensalat mit Estragon-Senf-Dressing 16

LAUCH

Spaghetti mit Erbsen-Knoblauch-Creme und Pecorino 52

LIMETTEN

Ceviche vom Wolfsbarsch mit Fenchelgrün und gelben Tomaten 48

Erdbeer-Kokos-Eis 78

„Infused Water" – Schafgarbe mit Johannisbeere 100

Lachsfilet mit griechischem Hülsenfrüchtesalat 128

LIMONCELLO
Zitronen-Semifreddo mit Zitronenstückchen 82

M

MANDELN
Kohlrabischnitzel mit Szechuan-Zuckerschoten 38

Zitronen-Semifreddo mit Zitronenstückchen 82

MANGOLD
Garnelenspieße mit geschmortem Mangold und Kürbiskern-Mayonnaise 54

Mangold-Pfifferling-Frittata mit Lardo 102

Meerrettichcreme mit geräucherter Forelle auf frischem Roggenbrot 120

MASCARPONE
Beerentörtchen mit Nüssen 88

MEERRETTICH
Lachs-Kapern-Tatar mit Apfel-Meerrettich-Salat 150

Meerrettichcreme mit geräucherter Forelle auf frischem Roggenbrot 120

MELONEN
Gegrillte Aprikosen mit Schinken und Melone 110

Melonen-Gazpacho mit Gin und frittierten Garnelenbällchen 94

Sommerrollen mit Melone und Erdnussdip 96

MINZE
Bratwürstchen mit Radieschensalat und Miso-Orangen-Marinade 25

Gegrillte Aprikosen mit Schinken und Melone 110

Lachsfilet mit griechischem Hülsenfrüchtesalat 128

Sommerrollen mit Melone und Erdnussdip 96

Zucchinisuppe mit Minze und Koriander 74

MÖHREN
Quiche mit Wurzelgemüse 24

Sommerrollen mit Melone und Erdnussdip 96

Zitronensuppe mit geröstetem Spargel 10

N

NUDELN
Spaghetti mit Erbsen-Knoblauch-Creme und Pecorino 52

Tortellini mit Brokkoli-Pesto 148

O

OLIVEN
Sizilianische Caponata mit Gemüse 12

ORANGEN
Bratwürstchen mit Radieschensalat und Miso-Orangen-Marinade 25

Ceviche vom Wolfsbarsch mit Fenchelgrün und gelben Tomaten 48

Focaccia mit eingelegter bunter Bete 26

Kräutersirup mit 2 Verwendungsmöglichkeiten 92

Matjessalat mit Roter Bete und Apfel 122

Meerrettichcreme mit geräucherter Forelle auf frischem Roggenbrot 120

Weißer Spargel mit Radieschen-Senf-Vinaigrette 20

P

PANKO
Melonen-Gazpacho mit Gin und frittierten Garnelenbällchen 94

PAPRIKA
„Gazpacho Clásico" mit Paprika, Gurke und Tomate 68

Lachsfilet mit griechischem Hülsenfrüchtesalat 128

Sommerrollen mit Melone und Erdnussdip 96

Tomatentatar mit Rucola und geräuchertem Käse 44

PARMESAN
Erdbeer-Panzanella mit geröstetem Hühnchen 62

Frühkartoffelsalat mit Bärlauchpesto, roten Zwiebeln und pochierten Eiern 32

Kohlrabischnitzel mit Szechuan-Zuckerschoten 38

Mangold-Pfifferling-Frittata mit Lardo 102

Panierter Blumenkohl mit Sesamdip 112

Quiche mit Wurzelgemüse 24

Tortellini mit Brokkoli-Pesto 148

Zitronen-Dorade vom Grill mit Basilikum-Zucchini 58

PASTINAKEN
Geröstete Pastinaken mit Salsa Verde 146

Quiche mit Wurzelgemüse 24

PETERSILIE
Antipasti-Artischocken mit gegrilltem Brot und Burrata 116

Geröstete Pastinaken mit Salsa Verde 146

Lachsfilet mit griechischem Hülsenfrüchtesalat 128

Lauwarmer Dinkelsalat mit Zitronen-Artischocken und wildem Brokkoli 114

Sesam-Radieschen im Ofen gebacken 36

PFIRSICHE
Fenchel-Pfirsich-Salat mit dicken Bohnen 70

Kräutersirup mit 2 Verwendungsmöglichkeiten 92

PHYSALIS
Grüner Spargelsalat mit Erdbeeren und Physalis-Dressing 40

PILZE
Mangold-Pfifferling-Frittata mit Lardo 102

Meerrettichcreme mit geräucherter Forelle auf frischem Roggenbrot 120

Saftiges Flanksteak mit Pfifferlingen und Wildkräutersalat 72

PINIENKERNE
Birnen-Blätterteig-Taschen 134

Erdbeer-Panzanella mit geröstetem Hühnchen 62

Grüner Spargelsalat mit Erdbeeren und Physalis-Dressing 40

Sizilianische Caponata mit Gemüse 12

Spaghetti mit Erbsen-Knoblauch-Creme und Pecorino 52

Tortellini mit Brokkoli-Pesto 148

Zitronen-Dorade vom Grill mit Basilikum-Zucchini 58

PISTAZIEN
Beerentörtchen mit Nüssen 88

R

RADIESCHEN
Bratwürstchen mit Radieschensalat und Miso-Orangen-Marinade 25

Sesam-Radieschen im Ofen gebacken 36

Weißer Spargel mit Radieschen-Senf-Vinaigrette 20

REIS
Zitronensuppe mit geröstetem Spargel 10

REISPAPIER
Somerrollen mit Melone und Erdnussdip 96

RETTICH
Gurken-Kimchi 66

RHABARBER
Rhubard Gin Cocktail 28

RINDFLEISCH
Saftiges Flanksteak mit Pfifferlingen und Wildkräutersalat 72

ROSINEN
Birnen-Blätterteig-Taschen 134

ROSMARIN
Antipasti-Artischocken mit gegrilltem Brot und Burrata 116

Focaccia mit eingelegter bunter Bete 26

Kräutersirup mit 2 Verwendungsmöglichkeiten 92

Zitronen-Dorade vom Grill mit Basilikum-Zucchini 58

ROTE BETE
Focaccia mit eingelegter bunter Bete 26

Matjessalat mit Roter Bete und Apfel 122

ROTE-BETE-BLÄTTER
Bratwürstchen mit Radieschensalat und Miso-Orangen-Marinade 25

RUCOLA
Bratwürstchen mit Radieschensalat und Miso-Orangen-Marinade 25

Tomatentatar mit Rucola und geräuchertem Käse 44

S

SAHNE
Apfelpüree mit selbst gemachtem Vanilleeis 142
Meerrettichcreme mit geräucherter Forelle auf frischem Roggenbrot 120
Panna cotta mit Ingwer-Kirschen 76
Zitronen-Semifreddo mit Zitronenstückchen 82

SALAT
Fenchel-Pfirsich-Salat mit dicken Bohnen 70

SCHAFGARBE
„Herbal Infusion" mit blühendem Basilikum und Malvenblüten 106
„Infused Water" – Schafgarbe mit Johannisbeere 100

SCHINKEN
Gegrillte Aprikosen mit Schinken und Melone 110
Mangold-Pfifferling-Frittata mit Lardo 102

SCHNITTLAUCH
Bratwürstchen mit Radieschensalat und Miso-Orangen-Marinade 25
Mangold-Pfifferling-Frittata mit Lardo 102
Quiche mit Wurzelgemüse 24

SEKT
Birnen-„Sprizz" mit Zitronenthymian-Sirup 136

SELLERIE
Bratwürstchen mit Radieschensalat und Miso-Orangen-Marinade 25
Ceviche vom Wolfsbarsch mit Fenchelgrün und gelben Tomaten 48
Sizilianische Caponata mit Gemüse 12
Sommerrollen mit Melone und Erdnussdip 96
Zitronensuppe mit geröstetem Spargel 10

SEMMELBRÖSEL
Kohlrabischnitzel mit Szechuan-Zuckerschoten 38
Panierter Blumenkohl mit Sesamdip 112

SPARGEL
Grüner Spargelsalat mit Erdbeeren und Physalis-Dressing 40

Weißer Spargel mit Radieschen-Senf-Vinaigrette 20
Zitronensuppe mit geröstetem Spargel 10

SPINAT
Sommer-Bruschetta mit Cheddar und frischem Spinat 30

SPITZKOHL
Spitzkohlnester mit Falafelbratlingen und Sesam-Joghurt 64
Spitzkohlsalat mit Birnen, Walnüssen und Gorgonzola 126

T

TAHIN
Fenchel-Pfirsich-Salat mit dicken Bohnen 70
Panierter Blumenkohl mit Sesamdip 112
Sesam-Radieschen im Ofen gebacken 36
Spitzkohlnester mit Falafelbratlingen und Sesam-Joghurt 64

TOFU
Sommerrollen mit Melone und Erdnussdip 96

TOMATEN
Ceviche vom Wolfsbarsch mit Fenchelgrün und gelben Tomaten 48
Erdbeer-Panzanella mit geröstetem Hühnchen 62
Garnelenspieße mit geschmortem Mangold und Kürbiskern-Mayonnaise 54
„Gazpacho Clásico" mit Paprika, Gurke und Tomate 68
Gegrillte Aprikosen mit Schinken und Melone 110
Lachsfilet mit griechischem Hülsenfrüchtesalat 128
Melonen-Gazpacho mit Gin und frittierten Garnelenbällchen 94
Sizilianische Caponata mit Gemüse 12
Tomatentatar mit Rucola und geräuchertem Käse 44

V

VANILLESCHOTEN
Apfelpüree mit selbst gemachtem Vanilleeis 142

W

WALNUSSKERNE
Spitzkohlsalat mit Birnen, Walnüssen und Gorgonzola 126

WEIN
Antipasti-Artischocken mit gegrilltem Brot und Burrata 116
Zitronensuppe mit geröstetem Spargel 10

WERMUT
Kräutersirup mit 2 Verwendungsmöglichkeiten 92

WILDKRÄUTER
Saftiges Flanksteak mit Pfifferlingen und Wildkräutersalat 72
Wildkräutersalat mit Cabrissac und Honig-Nüssen 46

WURST
Bratwürstchen mit Radieschensalat und Miso-Orangen-Marinade 25

Z

ZITRONEN
Antipasti-Artischocken mit gegrilltem Brot und Burrata 116
Apfelpüree mit selbst gemachtem Vanilleeis 142
Artischocke „alla Giudia" mit Kapern-Zitronen-Creme 108
Beeren-Sirup mit Crèmant und Blüten 86
Beerentörtchen mit Nüssen 88
Birnen-„Sprizz" mit Zitronenthymian-Sirup 136
Erdbeer-Panzanella mit geröstetem Hühnchen 62
Garnelenspieße mit geschmortem Mangold und Kürbiskern-Mayonnaise 54
Geröstete Pastinaken mit Salsa Verde 146
„Herbal Infusion" mit blühendem Basilikum und Malvenblüten 106
Kräutersirup mit 2 Verwendungsmöglichkeiten 92
Lachsfilet mit griechischem Hülsenfrüchtesalat 128
Lachs-Kapern-Tatar mit Apfel-Meerrettich-Salat 150

Lauwarmer Dinkelsalat mit Zitronen-Artischocken und wildem Brokkoli 114
Panierter Blumenkohl mit Sesamdip 112
Panna cotta mit Ingwer-Kirschen 76
Spaghetti mit Erbsen-Knoblauch-Creme und Pecorino 52
Spitzkohlnester mit Falafelbratlingen und Sesam-Joghurt 64
Tortellini mit Brokkoli-Pesto 148
Weißer Spargel mit Radieschen-Senf-Vinaigrette 20
Zitronen-Dorade vom Grill mit Basilikum-Zucchini 58
Zitronen-Semifreddo mit Zitronenstückchen 82
Zitronentarte mit frischem Obst 138

ZITRONENMELISSE
„Herbal Infusion" mit blühendem Basilikum und Malvenblüten 106

ZITRONENTHYMIAN
Birnen-„Sprizz" mit Zitronenthymian-Sirup 136
Kräutersirup mit 2 Verwendungsmöglichkeiten 92
Meerrettichcreme mit geräucherter Forelle auf frischem Roggenbrot 120

ZITRONENVERBENE
Kräutersirup mit 2 Verwendungsmöglichkeiten 92
Zitronenverbene-Eistee mit Himbeeren 60

ZUCCHINI
Zitronen-Dorade vom Grill mit Basilikum-Zucchini 58
Zucchinisuppe mit Minze und Koriander 74

ZUCKERSCHOTEN
Kohlrabischnitzel mit Szechuan-Zuckerschoten 38

ZWETSCHGEN
Zwetschgenkuchen vom Blech 132

ÜBER DIE AUTORINNEN

Katja, Bettina und Manuela sind ein Team aus Foodstylistin, Prop-Stylistin und Food-Fotografin, allesamt Garten-Liebhaberinnen mit einer Vorliebe für leckeres Essen. Die drei arbeiten seit 10 Jahren frei zusammen.

Die Stylistin und Gartenbesitzerin Bettina Bormann kümmert sich seit Jahren um gutes Styling von Foodfotos. Ihre Auftraggeber sind Fotografen aus Köln und Düsseldorf.

Katja Briol ist Foodstylistin. Seit 2007 entwickelt sie Rezepte und gestaltet Food-Arrangements für Konzerne der Lebensmittelbranche und Kochbuch-Projekte. In der Freizeit erntet sie gern auf dem eigenen Bio-Feld.

Manuela Rüther, Food-Fotografin und Rezeptautorin, fotografiert seit 10 Jahren leckeres Essen für Zeitschriften, Kochbücher und Unternehmen. Ihre Leidenschaft sind Kochbücher, die ab und zu auch Preise gewinnen.

bettinabormann-styling.de

foodstyling-briol.de

elaruether.de

NOCH MEHR TOLLE BÜCHER

**VEGETARISCH –
GEMÜSE NEU ENTDECKT!**

978-3-96093-844-6

€ 30,00 (D) / € 30,90 (A)

**PLANT BASED – MEINE VEGANEN
LIEBLINGSREZEPTE**

978-3-7459-0901-2

€ 22,00 (D) / € 22,70 (A)

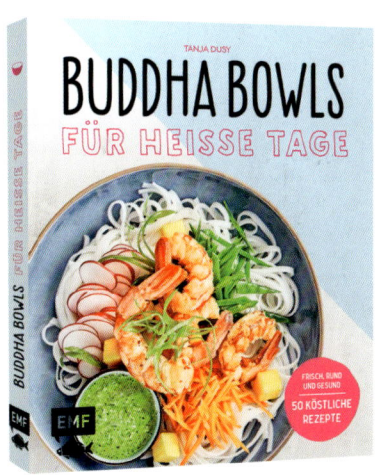

BUDDHA BOWLS FÜR HEISSE TAGE

978-3-7459-0232-7

€ 18,00 (D) / € 18,50 (A)

**GRÜNE WOHLFÜHLOASE – NACHHALTIG
GÄRTNERN UND ENTSCHLEUNIGEN AUF
BALKON UND TERRASSE**

978-3-7459-0605-9

€ 20,00 (D) / € 20,60 (A)

IMPRESSUM

Bibliografische Information der Deutschen Bibliothek.

Die Deutsche Bibliothek verzeichnet diese Publikation in der Deutschen Nationalbibliografie. Detaillierte bibliografische Daten sind im Internet über http://www.dnb.de/ abrufbar.

EIN BUCH DER EDITION MICHAEL FISCHER

1. Auflage 2022

© 2022 Edition Michael Fischer GmbH, Donnersbergstr. 7, 86859 Igling

Projektmanagement: Lena Buch
Redaktion und Lektorat: Paulina Schick
Layout und Covergestaltung: Carolin Mayer
Satz: Bernadett Linseisen (schere.style.papier), München

ISBN 978-3-7459-0955-5

Gedruckt bei Polygraf Print, Čapajevova 44, 08001 Prešov, Slowakei

www.emf-verlag.de